小·学·版

德行天下

如何培养孩子的
好品格

（下册
4~6年级版）

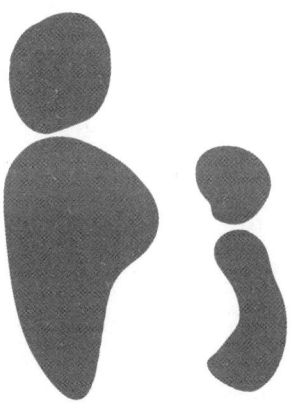

沈鸿丽　张震　编著

中国纺织出版社有限公司

目录

第一章　小学高年龄段孩子身心发展的特点（4～6年级）

一、小学四年级孩子身心发展的特点 / 002

二、小学五年级孩子身心发展的特点 / 008

三、小学六年级孩子身心发展的特点 / 011

第二章　心理资本：诚信

一、动机激发，让诚信品格持久发光 / 016

二、"诚信"好品格故事汇 / 018

三、体验活动（学校版）/ 021

四、行动学习单 / 023

五、体验活动（家庭版）/ 025

六、21天学生品格养成日记 / 030

七、21天父母教子周记 / 031

八、扩展阅读：教子有方 / 033

第三章　心理资本：负责

一、动机激发，让负责品格持久发光　/ 038

二、"负责"好品格故事汇　/ 041

三、体验活动（学校版）　/ 044

四、行动学习单　/ 045

五、体验活动（家庭版）　/ 047

六、21天学生品格养成日记　/ 052

七、21天父母教子周记　/ 054

八、扩展阅读：教子有方　/ 056

第四章　心理资本：专注

一、动机激发，让专注品格持久发光　/ 060

二、"专注"好品格故事汇　/ 064

三、体验活动（学校版）　/ 067

四、行动学习单　/ 071

五、体验活动（家庭版）　/ 072

六、21天学生品格养成日记　/ 075

七、21天父母教子周记　/ 077

八、扩展阅读：教子有方　/ 079

第五章　心理资本：勤奋

一、动机激发，让勤奋品格持久发光　/ 084

二、"勤奋"好品格故事汇　/ 088

三、体验活动（学校版）　/ 092

四、行动学习单　/ 096

五、体验活动（家庭版）　/ 098

六、21天学生品格养成日记　/ 099

七、21天父母教子周记　/ 101

八、拓展阅读：教子有方　/ 103

第六章　心理资本：节制

一、动机激发，让节制品格持久发光　/ 108

二、"节制"好品格故事汇　/ 112

三、体验活动（学校版）　/ 115

四、行动学习单　/ 117

五、体验活动（家庭版）　/ 119

六、21天学生品格养成日记　/ 122

七、21天父母教子周记　/ 124

八、扩展阅读：教子有方　/ 126

第七章　心理资本：忍耐

一、动机激发，让忍耐品格持久发光　/ 130

二、"忍耐"好品格故事汇　/ 132

三、体验活动（学校版）　/ 134

四、行动学习单　/ 136

五、体验活动（家庭版）　/ 137

六、21天学生品格养成日记　/ 139

七、21天父母教子周记　/ 141

八、扩展阅读：教子有方　/ 143

第八章　心理资本：感恩

一、动机激发，让感恩品格持久发光　/ 146

二、"感恩"好品格故事汇　/ 149

三、体验活动（学校版）　/ 151

四、行动学习单　/ 153

五、体验活动（家庭版）　/ 155

六、21天学生品格养成日记　/ 156

七、21天父母教子周记　/ 158

八、扩展阅读：教子有方　/ 160

参考文献　/ 163

后　记　/ 165

第一章
小学高年龄段孩子身心发展的特点（4～6年级）

如何培养孩子的好品格

一、小学四年级孩子身心发展的特点

（一）小学四年级孩子的身心发展任务

小学高年级的孩子，最重要的成长任务，是"提升基础学习能力"和"基础习惯"的培养，也就是说，孩子回到家，即使没有父母的陪伴，他也能自觉完成老师布置的学习任务。

进入三年级后，语文增加了作文，数学开始从基本的运算发展到问题的解决，所以，四年级的孩子在思维上要有一个很大的突破。

1.四年级学生相关的培养有：

（1）身心发展规律。

（2）学习动机的激发与维持。

（3）习惯的再养成。

（4）自我认知与群体定位。

2.四年级学生家长所需的能力：

（1）勤反思——反思前一阶段孩子的成长任务有没有完成。

（2）重平等——孩子不是我们想方设法对付的对象，而是一个自觉成长的主体，让孩子更多地了解自我，因为只有主动参与，才能真正推动教育的发展。

第一章 小学高年龄段孩子身心发展的特点（4-6年级）

（3）多练习——孩子的成长（对孩子品格的培养），不仅仅是意识、任务，更是能力。能力需要练习，仅仅是说教和有意识是不够的，从意识到能力需要一定的训练才能达到。

（二）冲突与发展并行

四年级的孩子普遍在 9～10 岁，按照心理学家皮亚杰所提出的认知阶段来看，这个年龄段是一个比较重要的分界，孩子的认知特点开始从具体化思维向抽象性思维转换。也是勤奋与自卑的冲突发展期，这一阶段的儿童都应在学校接受教育。学校是训练儿童适应社会、掌握今后生活所必需的知识和技能的地方。如果他们能顺利地完成学习课程，他们就会获得勤奋感，这使他们在今后的独立生活和承担工作任务中充满信心。反之，就会产生自卑感。另外，如果儿童养成了过分看重自己的工作——学习的态度，而对其他方面漠然处之，这种人的生活是可悲的。埃里克森说："如果他把工作当成他唯一的任务，把做什么工作看成是唯一的价值标准，那他就可能成为自己工作技能和老板们最驯服和最无理想的奴隶。"

当儿童的勤奋感大于自卑感时，他们就会获得"能力"的品质。当然，能力不会随着自信或者自卑而上升或下降，但是，在这个阶段的学习能让孩子体验到能力的实现。

埃里克森认为，儿童在本阶段会不断应用已经发展起来的肌肉、知觉和身体技能以及增长的知识，竭尽所能改善自我，以求能成功地解决社会所提出的挑战。儿童在本阶段已意识到进入社会后必须在同伴中占有一席之地。他一方面勤奋学习，以期在学业上取得成就，但又担心自己会遭遇失败，因此，勤奋感和自卑感构成了本阶段的基本冲突。埃里克森认为，这个阶段的儿童依赖重心已从家庭转到学校等社会机构，并认为许多人将对学习和工作的态度和习惯都可追溯到本阶段的勤奋程度。

（三）亲子互动

讨论：我们为什么要学习？

【目的】进一步深化孩子的学习目标，帮助孩子树立正确的学习观，维持持久的学习动力。

【方式】亲子讨论。

【时间】

1. 某个温馨平和的周末或者夜晚。
2. 某次考试后，和孩子分析考试得失时。
3. 某次接收到教师的反馈，和孩子沟通时。

【地点】不受家庭其他成员或者外人干扰的空间，如孩子的书房、卧室或者某个安静的茶室。

【过程要点】

1. 从某个学习话题开始讨论。如老师的反馈、考试的成绩、孩子对某门学科的态度等。问题的切入要具体，不能泛泛而谈"我们为什么要学习？"

2. 讨论的学科或者问题要具体。和孩子讨论要尽可能围绕某个学科的具体问题，如为什么要学数学？这样既能做到讨论不飘在空中，又能做到窥一斑而知全貌，在讨论的过程从具体问题引向更大的学习意义与个人成长。

3. 父母可以从身边的同事或者自己的人生经历出发，和孩子讨论所感兴趣的专业如何与国家社会发展相结合，如何通过为社会造福而成就自己。

4. 一次讨论中，允许孩子有不成熟的观点，不要对孩子的观点简单驳斥，孩子的发展需要时间，需要体验，需要过程，不能急于求成。

【反思与记录】

通过和孩子的讨论，我发现孩子在学习兴趣上存在以下问题：

_____

下一阶段，我要重点从以下方面帮助孩子：

_____

（四）计划执行的两大"敌人"：诱惑和情绪

1. 诱惑：

这是因为孩子年龄越来越大，声光电、游戏、美味，哪一样都是对孩子的强大诱惑。不论计划制订得多么严整和规范，当理性的光辉慢慢退却，孩子需要拨开重重诱惑坐下来按照计划一件事一件事去做，这并不容易。因为孩子不可能说到就能做到，说是一回事，做又是一回事。

说的时候雄心勃勃，做的时候困难重重。

如计划好了某个时间需要完成某个练习，而这个时候家里来了客人，是不是可以不做？如果临时想看电视，又该怎么办？

面对诱惑，孩子刚开始会不顾计划的约束，自作主张或者和

如何培养孩子的好品格

父母商量,甚至会与父母胡搅蛮缠,这时,其实是在考验父母对计划的认识、父母的耐心以及父母的坚持力。如果父母能够坚持一下,孩子很快就能够抵制诱惑,即使带着点情绪,也能慢慢平复下来,懂得尊重讨论、尊重计划。很多父母认为自己的孩子很难妥协或说服,只有父母投降这一条路,那是因为我们从小对孩子退让习惯了,导致孩子形成了错误的认知,这对孩子才是最大的伤害。

2. 情绪:

讨论制订计划的时候是很理性的,而在孩子做的过程中,他一定会遇到情绪上的障碍和挑战。心情不好就不想做,兴奋了又定不下心来做,这些都是人之常情。所以,当孩子有情绪的时候,家长一定要了解情绪与孩子学习的关系,也就是情绪不高的时候,孩子仍然是可以学习的,学习的效果也是一样的。家长不要被孩子的情绪弄得过度紧张,而应站得更高,能够超越孩子的情绪,帮助孩子突破情绪的阻碍。

其实这个时候孩子是需要家长帮助的,帮助他们继续坚持,孩子的情绪看起来是针对某件事或者父母,实质上更多是针对自己,家长坚韧的力量能够协助孩子坚持;同时,要鼓励孩子在平复情绪、与情绪共舞中了解自己、超越自己。

(五)自我认知——"我是个好人"

曾经有一位家长跟我们这样说:"孩子进入四年级后有时候会出现情绪低落的情况,有时候对自己评价不高,有时候又自我感觉过于良好。自我感觉不好的时候常说'我不行''我不优

第一章 小学高年龄段孩子身心发展的特点（4~6年级）

秀''你看我哪些方面不如某某某'。有时又感觉孩子有些多愁善感，有一次听说邻居家的狗死了，哭得稀里哗啦，直说是我们现在的环境污染让它死了，说这是所有人害了那条狗，感觉他这个时候像是个激进的环保主义者，心地很善良。老师，我感觉我有些不了解自己的孩子了，他好像是个矛盾体。"

是的，从这位家长的困惑中可以看出，孩子到了四年级以后出现了一些变化，这些变化有的孩子比较明显，有的则一般。但是，细心的家长慢慢就会发现在孩子身上主要出现了以下两个问题。

首先是矛盾。孩子一会儿情绪高昂，一会儿又情绪低落，矛盾的状态在孩子身上表现得越来越明显，这也是青春期前期的一个征兆。进入四年级以后，孩子身上的这种矛盾已经开始慢慢萌芽了，虽然没有青春期表现得那么强烈，但是他的语言或行为已经流露出了矛盾性。稍微做好了一点儿就信心满满；稍微做得不太好或者遇到什么困难，情绪马上就一落千丈，这就是此阶段孩子矛盾性的重要体现。

其次是对整个社会的理想状态充满期待。就像上述这位家长提到的那样，邻居家一条狗的死亡也会让孩子联想到大自然的环境被污染，联想到我们的责任，联想到我们对不起这个地球等。好像跟他没什么太大关系的事他也会很伤心很揪心。这是学校教育使然。孩子的价值观和价值判断对理想社会、理想人格、理想状态都有很大期待，内心深处一直希望能够实现这种理想。一旦有哪些事情触动了他们敏感的小神经，他们可能就会将事情的价值认识无限扩大、无限提升。

如何培养孩子的好品格

二、小学五年级孩子身心发展的特点

五年级的孩子身心发展特征比较明显,个头和体重增长迅速,异性心理萌动,情绪容易起伏,追求"独立",他们的兴趣和爱好能真实反映其行为能力和心理成长水平,品格培养从"是什么""为什么""怎么做"三个部分来建立。

五年级又称"青春期前期",孩子与家长的各种意见分歧、思维摩擦开始增多,处理不好会留下极大的成长隐患。防患于未然,为有效化解亲子之间可能发生的冲突,以下我们为家长们提供了几个非常简单且实用的"工具"。

表1 当父母与孩子发生争执时

发生了什么事	父母的行为(说了什么话、做了什么举动)	父母想要表达的想法(真实陈述)	孩子的行为(说了什么话、做了什么举动)	孩子想要表达的想法(猜测、判断)

第一章　小学高年龄段孩子身心发展的特点（4-6年级）

表2　偏差行为分析与应对方式

偏差行为一级——蓝色预警	
目的	寻求关注——让养育者感受到生气、烦躁
现象	通过频繁做家长不喜欢或不允许的事情，获得家长的关注 例如：乱搞破坏、反复犯错、乱发脾气、刻意干扰
错误的应对方式	反复提醒、反复制止孩子的错误行为，并表现出烦躁情绪 例如："你好烦呐！""跟你说了多少次了！""你要再这样我就××××你"
正确的应对方式	A. 在确定孩子行为不危及生命安全的情况下，可忽略孩子的行为和毛病 B. 回应：通过肢体接触——如抚摸孩子的头部或背部，并加以温和语言给予安抚及关注 C. 复盘：事后讲解沟通、对过程中的正确行为予以肯定

偏差行为二级——黄色预警	
目的	权利斗争——让养育者感受到愤怒、威胁
现象	通过挑战父母的规则和权威，来决定"话语权"和"决定权"的行为 例如：家长让干的事不干，不让干的事偏干（顶嘴、耳旁风、不理睬、我行我素）
错误的应对方式	通过压迫、威胁、恐吓孩子的方式，致使/逼迫孩子顺从
正确的应对方式	A. 尽量避免与孩子的正面冲突，并及时退出"对抗现场" B. 允许孩子有说话的机会，通过商议，引导孩子思维，并为自己的行为担当、负责。注意：父母此时切不可一味"高压式打击"或"赌气式放弃"

如何培养孩子的好品格

偏差行为三级——橙色预警	
目的	有意报复——让养育者感受到痛苦、伤心
现象	通过故意做父母担心、在意的事情,例如:伤害自己或家人来报复父母 例如:不吃饭、不睡觉、不上学、离家出走、恶语相加、肢体攻击
错误的应对方式	父母以"伤害自己"或与孩子"相互伤害"的方式加以抵制、控制
正确的应对方式	A. 避免承认对孩子的错误应对方式是合理的 例如"我这么做还不是为你好!" B. 相信孩子的本性——善良的、积极的 C. 给孩子多一些宽容,同时尽快寻求专业帮助

偏差行为四级——红色预警	
目的	自暴自弃——让养育者感受到绝望、无助
现象	对任何事情都失去兴趣,并长期拒绝与人互动 例如:总说"活着没意思""不想活了""我就是个废人"
错误的应对方式	A. 认同孩子的这种消极、负面想法 B. 不寻求专业人士帮助
正确的应对方式	A. 停止一切批评、指责、评价 B. 鼓励任何可能积极的行为 C. 降低期待,同时迅速寻求专业帮助

第一章 小学高年龄段孩子身心发展的特点（4～6年级）

三、小学六年级孩子身心发展的特点

六年级是小学和初中的衔接阶段，是孩子成长的浪漫阶段的结束和精确阶段的开始，是由母爱为主转向父爱为主的过渡期，也是小学阶段向初中阶段过渡的关键期。帮助孩子学会管理自己的时间和情绪，做时间的主人，做情绪的主人。

（一）沟通，让"有话好好说"

六年级其实已经开始进入青春期了，作为父母，我们可能留意到孩子的身心正在悄悄地发生着一些变化，也会感叹"孩子越大越难管了！"不理解孩子的行为，不知道孩子在想什么，常常又气又恨，与孩子之间的沟通不断出现问题，烦恼重重……如果处理不当，将会影响孩子的青春期发育和成长，导致孩子对人和事产生偏执心理、个性封闭、学习被动、意志消沉等。

此时，家长与孩子的沟通尤为讲求方法和技巧，下面就为大家提供一些值得家长们收藏和练习的句式。

1. 我能感受到你很失落 / 烦躁 / 担心 / 害怕 / 生气
2. 我知道他让你害怕，因为他真的很可怕
3. 如果那发生在我身上，我会觉得被背叛
4. 我能想象得到这件事情让你快发疯了

续表

5. 刚才发生的事情让你看起来真棒
6. 我听说你很高兴，真不错
7. 此时此刻，我想你看起来很激动
8. 我猜你对这整件事情感到很失落
9. 看起来你真的对他所做的事情感到很苦恼，如果谁对我做了这样的事情，我也会觉得很失望，这样做肯定是不行的
10. 此时此刻，我想你看起来很激动
11. 如果那件事情发生在我身上的话，我估计自己会崩溃

（二）引导，让"谈爱不变色"

爱情的最初萌芽是男女少年彼此认识、理解的开始，是最脆弱、最敏感、最隐秘的情感。很多青春期的孩子不愿意和父母交流，作为父母，切忌处理时过于简单粗暴，与其做掌握大权的主宰者，不如和孩子站在同一战线，给予孩子正确积极的引导和鼓励，将青春期的敏感事件变得积极乐观且平常。与其让孩子"暗中摸索"究竟如何与异性交往，不如我们和孩子开诚布公地"明里探究"爱情到底为何物。那么，如何去和孩子谈爱情呢？我们可以借用苏联教育家苏霍姆林斯基写给女儿的信中引述的童话故事：

什么叫爱情？……当上帝创造人类时。他在地球上播下了一切有生命的种子，并教会他们延续自己的后代，生出和自己同样的人，他把土地分给一个男人和一个女人，告诉他们怎么搭建窝棚，给男人一把铲子，给女人一捧种子，然后对他们说："你们在一起过日子吧！"

整整一年之后，一大早，他和大天使加弗利尔来了。他看见这一对男女坐在小棚子旁边，地里的庄稼已经成熟了，他们

第一章　小学高年龄段孩子身心发展的特点（4-6年级）

身旁放着一个摇篮，摇篮里睡着一个婴儿。这一对男女时而仰望天空，时而又看看彼此，就在这一瞬间，他俩的眼神相碰在一起，上帝在他们身上看见了一种不可思议的美和一种从未见过的力量。这种美远远超过蓝天和太阳、土地和长满小麦的田野。总之，比上帝所制造和创造的一切都美，这种美使上帝颤抖、惊异，以至于惊呆了。

他向大天使加弗利尔问道："这是什么？"

"这是爱情。"

"什么是爱情？"

大天使耸耸双肩，上帝走向这对男女，问他们什么是爱情，但是他们无法向他解释，于是上帝恼火了，他说："那么好吧！我要处罚你们，从即刻开始，你们要变老，你们生命的每一小时，都要消耗掉一点你们的青春和精力！50年后我再来，看看你们的眼神里表现出什么。"

50年后，他和大天使加弗利尔又来了。他看见了一座非常好的小木屋代替了原来的小棚子，草原上修起了花园，地里的庄稼已经熟了，儿子们正在耕种，女儿们正在收麦，孙子们正在绿草地上玩耍。在小木屋门前坐着一个老头儿和一个老太婆，他们时而看看红色的朝霞，时而又望望彼此。上帝从他俩的眼神里看见了更加美丽和更加强大的力量，而且好像又增加了新的东西。

"这是什么？"上帝问天使。

"忠诚！"大天使回答说，但是他还是不能解释。

这次上帝更加恼火了。他说："人！你们为什么没有老多少？那好吧，你们的日子不长了，以后我再来，看看你们的爱情将变成什么。"

三年后,他与大天使又来了。他看见男人坐在小山坡上,一双眼睛呈现出非常忧虑的神色,但是却仍然表现出那种不可思议的美和力量,已经不仅仅是爱情和忠诚,而且蕴藏着一种新的东西。

"这又是什么?"他问大天使。

"心头的记忆。"

上帝手抚着自己的胡须,离开了坐在小山坡上的老头儿。面向着麦田和红色的朝霞,他看见在金色麦穗旁站着一些青年男女,他们时而看看布满红色朝霞的天空,时而又看看彼此……上帝站了很久,看着他们,然后深深地沉思着走了。

爱情是忠诚的、美好的,也是理智的、神圣的。爱情是人类永恒的美与力量!纪伯伦说:"爱是一个光明的字,由光明的手写在光明的纸上。"苏霍姆林斯基主张不要公开谈论谁爱上谁的问题,而应该小心翼翼地去引导孩子认识到爱情是无比珍贵、高尚的东西,爱情意味着责任、尊严,意味着高尚的精神生活和共同的生活目标。作为父母,要将这样高尚的爱情种子在少年时代就播种在孩子的心田,影响他的一生。著名作家傅雷在给他儿子傅聪的信中写道:"我一生从不曾有过'恋爱至上'的看法,'真理至上''道德至上''正义至上'这种种都应当作为立身的原则。恋爱不论在如何狂热的高潮阶段,也不能侵犯这些原则。"爱情教育同样是品格教育的一部分。同时,父母要和孩子讲明道理,在青春初期,努力发展和提高自己,为将来享受美好的爱情做准备。

第二章

心理资本：诚信

如何培养孩子的好品格

一、动机激发，让诚信品格持久发光

（一）诚信是经营美好人生的第一要素

诚信：泛指待人处事真诚、讲信用，一诺千金等。但一般主要是指两个方面：一是指为人处事真诚诚实，尊重事实，实事求是。二是指信守承诺。

子曰："人而无信，不知其可也。"认为人若不讲信用，就无立足之地，什么事情也做不成。诚信是一种人人必备的优良品格，一个人讲诚信，就代表了他是一个讲文明的人。讲诚信的人，处处受欢迎；不讲诚信的人，人们会忽视他的存在。所以，我们每个人都要讲诚信。诚信是为人之道，是立身处世之本，是经营美好人生的第一要素。

（二）诚信为立人立事之本

古语云："反身而诚，乐莫大焉。"只有做到真诚无伪，才可使内心无愧，坦然宁静，给人带来最大的精神快乐，是人们安慰心灵的良药。人若不讲诚信，就会造成社会秩序混乱，彼此无信任感，后患无穷。正如《吕氏春秋·贵信》所说，如果君臣不讲信用，则百姓诽谤朝廷，国家不得安宁；做官不讲信用，则少不怕长，贵贱相轻；赏罚无信，则人民轻易犯法，难以施令；交友不讲信用，则互相怨恨，不能相亲；百工无信，则手工产品质量粗糙，以次充好，丹漆染色也不正。可见失信对社会的危害何等大啊！综观而言，诚信对于自我修养、齐家、交友、营商以至为政，都是一种不可缺少的美德，可见诚信在人类社会中是非常重要的。

（三）诚实带来诚信，诚信带来信任

诚实是人内心的罗盘，指导人生的方向，是经营美好人生的基本要素，哲学家康德指出："诚实为最上策。"在人际关系、家庭、友谊、教育、商业、政治、外交上，诚实是唯一建立持久关系的基础，是过去、现在也是将来的最佳策略；相反，说谎则代表虚假、伪装、虚构，更是一种自我为中心、不尊重自己与别人的行为。有人说："如果时间就是金钱，那么诚信就是生命！"一个拥有良好信誉的人，就如同拥有一个无形、无价的宝藏，只要我们经营它，不损坏它，它就是快乐、成功的生命之源。

真正的诚实是做正确的事情，不管别人知不知道。

——奥普拉·温弗雷

如何培养孩子的好品格

二、"诚信"好品格故事汇

卖火柴的小男孩

18世纪英国的一位有钱的绅士,一天深夜他走在回家的路上,被一个蓬头垢面衣衫褴褛的小男孩儿拦住了。"先生,请您买一包火柴吧",小男孩儿说道。"我不买",绅士回答说。说着绅士躲开男孩儿继续走,"先生,请您买一包吧,我今天还什么东西也没有吃呢"小男孩儿追上来说。绅士看到躲不开男孩儿,便说:"可是我没有零钱呀","先生,你先拿上火柴,我去给您换零钱"。说完男孩儿拿着绅士给的一个英镑快步跑走了,绅士等了很久,男孩儿仍然没有回来,绅士无奈地回家了。

第二天,绅士正在自己的办公室工作,助手说来了一个男孩儿要求面见绅士。于是男孩儿被叫了进来,这个男孩儿比卖火柴的男孩儿矮了一些,穿的更破烂。"先生,对不起了,我的哥哥让我给您把零钱送来了""你的哥哥呢?"绅士道。"我的哥哥在换完零钱回来找你的路上被马车撞成重伤了,在家躺着呢",绅士深深地被小男孩所感动。"走!我们去看你的哥哥!"去了男孩儿的家一看,家里只有两个男孩的祖母在照料受到重伤的男孩儿。一见绅士,男孩连忙说:"对不起,我没有给您按时把零钱送回去，失信了！"绅士却被男孩的诚信深深打动了。当他了解到两个男孩儿的亲父母都双亡时，毅然决定把他们生活所需要的一切都承担起来。

智慧之光：人与人之间的信任异常珍贵，是需要我们一次次用实际行动来巩固和维护的，"失信于人"是万万不可为的事情。

如果生活是一列奔驰火车，那么诚信就是一个必不可少的轮子；如果生活是一次旅行，那么诚信就是一个必不可少的背包，它将永远伴随着你。

资源链接

你对时间诚信吗

时间对每个人都是公平的，你能合理地利用好你的时间吗？

（一）小测试

您的孩子有以下情况吗？

1. 同样的一天，同样的学习内容，别的小朋友不但完成了作业，还玩得很尽兴，而小A经常被老师催着完成作业，课间也不能玩个痛快。小A的学习能力并不比大家差，似乎他的时间总比别人少一点。

2. 小B同学每天晚上计划复习功课一个小时，可是当他坐到书桌前，总是发现不是找不到笔，就是找不到本子或试卷。妈妈发现他要么一会去厕所，要么一会去厨房拿点零食，一个小时过去了，他什么也没有复习。

3. 小C听老师说:"睡觉前是一天中记忆最好的时间,应该用来背诵课文。"可他总在这个时间犯困,看什么都记不住,他死命撑住去背英语单词,结果第二天上课总是打瞌睡。

4. 小D同学上课喜欢玩弄手指头,还喜欢边听课边玩弄手中的笔,喜欢边吃瓜子边做作业,他经常在周五晚上用功到深夜,把所有的作业做完,以便周六睡到中午。

5. 小E同学喜欢数学,不喜欢英语,他通常先完成数学作业,再完成语文作业,英语做不做一般看心情,有时边复习英语,边在纸上画小人玩。

6. 小F同学每天回家先打开电脑,和朋友聊QQ,看同学的空间,玩网络游戏,然后再复习功课,经常是一不小心就玩过了头,该做的作业没做,被老师批评多次。

对照一下,如果您的孩子有以上一种或几种现象,那么,我们可以判定您的孩子没有时间观念,或者说不会管理自己的时间。

(二)找一找,时间都去哪了

我们的时间去哪了?浪费时间一般有两种情况。

1. 自己造成的。比如,花太多时间看电影、玩游戏、听音乐、不听指示、缺乏计划、不够专注、花太多时间社交……

2. 外部原因造成的。比如,环境嘈杂、别人妨碍了我、老师布置的任务不明确、家里出了事、生病了……

时间	自己造成的	外部原因造成的
上午		
下午		
晚上		

时间管理是学生自主学习的重要方面，是学生自主学习、自我管理的基础。时间是一种重要的资源，它具有不可变性、无存储性和无可替代性。如果我们的孩子想在一定的时间内能够高效率、高质量地完成学习任务，就必须善于利用自己的学习时间。没有时间，计划再好，目标再高，学习能力再强，也是空谈。

有些孩子从早忙到晚，不单在上学时间内挤满了各种学习任务，而且还在放学后学习很久，成绩不见提高，孩子却日益疲惫，甚至产生了厌学情绪。所以，学会管理和利用自己的时间，是对每个学生都尤为重要的。

对时间诚信，做时间的主人。

三、体验活动（学校版）

【活动名称】惊爆气球。

【活动人数】2～4人为一组。

【活动目标】帮助成员从气球爆破中体会"得与失"的感受，进而认知诚信是人际关系的重要组成部分，隐瞒、欺骗都可能会

如何培养孩子的好品格

带来不可收拾的下场。

【活动规则与流程】

1. 2～4人一组，每组发一个气球，请各组将气球吹到最大，然后绑起来。

2. 再发给每一组长约1米的封箱胶带，引导小组成员思考，如何将胶带粘贴在气球表面（若要使气球不易炸裂，最好的办法是将胶带撕成小片或整段粘贴）。

3. 完成后，请各小组成员展示作品，并分享粘气球的方式及理由。

4. 说明：胶带和气球结合起来是保护，分开是伤害。日常生活中，有些事物原本彼此没有关系，但配合起来是对某一方的另一种保护（例如：安全帽和头、衣服和身体等）。人际关系也是一样，如果双方彼此信任，就能够合作，关系也非常稳固。但是如果有一方欺骗、隐瞒、虚伪，可想而知其下场如何。

5. 带领者下达指令：若胶带与气球结合后，气球没有破裂，现在将胶带撕下，看哪一组能在2分钟内使气球与胶带分开且气球不爆裂。

【带领技巧与注意事项】气球一开始必须吹到最饱满的状况，才能让成员经历爆破的感受。

引导反思——整理活动经验与提升	
A	撕胶带活动中，最让你感到紧张、印象深刻的情绪是什么（将成员回应的情绪写在白板上）
B	如果胶带代表诚信，气球代表你，你因不诚信而被别人揭穿时，会有哪些心情（可对应第一个问题描述撕胶带时的情绪）

续表

C	你有说谎被揭穿的经验吗?是什么事?当时感受如何
D	你觉得在家庭、学校的人际关系中,选择诚信会带来什么样的好处(建议分小组讨论,最后分享各组讨论结果)

四、行动学习单

(一)你有多诚实(请就以下情况,用直觉反应并勾选答案)

1. 走出超市,发现店员多找你钱,你会主动退钱给他吗?

☐ 会 ☐ 不会

2. 你在街上捡到一个皮包,里面有1万元现金,还有对方的联系电话、身份证,你会退钱给他吗? ☐ 会 ☐ 不会

3. 考试后,因为成绩不错,老师颁给你一张奖状,后来发下成绩单,却发现有一题分数多给了,你会告诉老师,并退回奖状吗? ☐ 会 ☐ 不会

4. 朋友送你一套昂贵的计算机软件(盗版产品),你会把它安装在自己的电脑上吗? ☐ 会 ☐ 不会

5. 如果你未来在一家公司上班,是否会因为家里刚好缺签字笔,就从办公室拿回家? ☐ 会 ☐ 不会

6. 去旅馆住宿时,离开时你是否会将旅馆里好看的浴巾顺便

带走？　　　　　　　　　　　　　□ 会 □ 不会

7. 很晚回家时，你会编个理由隐瞒家人吗？　□ 会 □ 不会

8. 考试时，许多同学都在作弊，监考老师却视而不见，为了成绩不比别人低，你会选择作弊吗？　□ 会 □ 不会

9. 在学校做错事，担心老师责备，你会用谎话来找借口吗？
　　　　　　　　　　　　　　　　　　□ 会 □ 不会

10. 在某一个自动投币的"诚实商店"买东西，在旁边没有人的情况下你是否会投入足够的金钱？　□ 会 □ 不会

（二）我愿意学习诚实（可多选，并请分享）

1. 我知道诚实和什么有关：

□ 跟别人沟通有关：所以，我讲话的语气要诚恳，内容要真实

□ 跟我的良心有关：承认还是遮掩，我们自己最清楚

□ 跟勇敢有关：诚实有时候需要勇气

2. 诚实是会叫自己吃亏，但若说谎被拆穿，我会：

□ 被人耻笑

□ 不被信任

□ 以后说话人家会怀疑

□ 觉得很丢脸

□ 死不认错

3. 如果是关乎别人的坏事，我该怎么办？

□ 不管他，先诚实说出来

□ 先请教长辈

☐ 闭口不言

☐ 请对方去问当事者

4.如果诚实会叫自己吃亏（丢脸），我仍愿意诚实，那是因为：

☐ 虽然这一次是吃亏，但却永远赢得对方的信任

☐ 虽然吃亏，但却不用说很多谎言来掩盖事实

☐ 虽然吃亏，但会赢得别人的尊敬与赞赏

5.在诚实的品格中，我愿意积极学习：

☐ 实话实说，不撒谎

☐ 考试绝不作弊

☐ 勇于认错，不为自己找借口

☐ 绝不会偷窃、顺手牵羊

五、体验活动（家庭版）

家庭活动，是增进亲子关系、家长引导孩子如何正面积极看待问题最好的练习场，家长坚持做孩子好品格的榜样，会提高孩子学习的责任感和诚信的好品格。

——体验才能感受，参与才会得到，引导才有收获！

【活动一名称】家庭会议：我们一直在进步。

如何培养孩子的好品格

【时间】周末或者某个完成了作业的晚上。

【地点】客厅、书房或者餐厅,也可以是外面的茶社、咖啡厅。

【频次】每周、每半个月或者每个月。

【主题】回顾前一阶段,家庭成员已经取得的进步和需要进一步改进的地方。

【工具】家庭成员近期发展总结表。

家庭成员发展总结表				
父亲姓名	进步	1	2	3
	不足	1	2	3
母亲姓名	进步	1	2	3
	不足	1	2	3
孩子姓名	进步	1	2	3
	不足	1	2	3

【注意事项与总结】

1. 讨论过程要保持一种平等的态度,不要总是父母盯着子女说,而是全家人相互说。

2. 讨论过程中需要开展自评和相互评价,自己可以敞开心扉说自己的努力与进步,也可以说自己的不足,这样的训练是为了建立新型的亲子关系,为青春期早期的来临做好亲子关系的准备。

3. 家长在生活中要给予孩子足够的诚信榜样,当孩子指出家长的不足之处时,尽量不要急于解释,而是真诚接受,或者询问孩子是怎样发现自己这些问题的。父母过多为自己解释、开脱，孩子也会有样学样，此家庭会议将难以开展以及达到理想的效果。

【活动二名称】亲子关系测试。

【作答方法】请在每一问题的（　　）中，依问题所描述之情况的符合度填入适当的数字。

①很不符合	②不符合	③尚符合	④符合	⑤非常符合

请父母先作答，并计分，再由孩子作答，孩子作答时将"我"改成"父母"，然后再比较两者的差异。

1. 不管我的工作或生活再忙碌，每一天我都会留一些时间给孩子	（　）
2. 我能经常保持愉快的心情和孩子相处	（　）
3. 我认为孩子是有理性的，能自己面对和解决问题	（　）
4. 和孩子对话时，我很少使用"你应该……""你最好……否则……""你再不……我就……"的语气和孩子交谈	（　）
5. 我觉得孩子能幸福地生活，比成绩好更重要	（　）
6. 我觉得孩子犯错和惹麻烦是成长的必经过程	（　）
7. 孩子说话时，我能耐心专注地听完	（　）
8. 我能经常和孩子有亲密的接触（如摸头、拍肩、拍手、相互拥抱等）	（　）
9. 即使孩子犯了错误，我也不会因此就认为他是个坏孩子	（　）

10. 我经常给自己和孩子充裕的时间，避免催促孩子	(	)
11. 不论孩子发生什么事，我都能以孩子的立场分享孩子内心的感受	(	)
12. 亲子间有冲突时，我不认为一定是孩子的错	(	)
13. 我能给孩子充分的自主空间，决定自己的事	(	)
14. 我要求孩子做的事情，我自己都能做到	(	)
15. 我答应孩子的事情，我一定都会履行	(	)
16. 我与孩子谈话时，我能了解孩子内心真正的感受	(	)
17. 我了解孩子内心的喜好和厌恶	(	)
18. 孩子愿意主动地告诉我他在外面发生的事情和内心感受	(	)
19. 和孩子谈完话，我很少批评或者指责孩子的想法	(	)
20. 我满意我目前的家庭和孩子的状况	(	)

【计分】将（　）中的数字全部加起来，即得到本评量表的总分。做完测验后，请安排一个温馨的情境，亲子共同讨论与分享。特别是亲子之间的回答有明显落差的问题，更需要彼此坦诚讨论，借以减少彼此之间期待的落差。

若总分在 60 分以下，表示亲子关系已有了危机，须马上调整；

若总分在 60～80，表示亲子之间相处还算良好，但是还可以更好；

若总分在 80 分以上，表明亲子关系很好，请继续保持下去。

【活动延展一】制作愿望树。

【活动说明】在整张纸上画一棵树，把写有家庭成员各自优点和愿望的纸条贴上去。

【活动延展二】亲情档案。

【活动说明】该档案由孩子独立填写。

爸爸（妈妈）的出生年月日	
爸爸（妈妈）的业余爱好	
爸爸（妈妈）的兴趣特长	
爸爸（妈妈）最爱吃的食物	
爸爸（妈妈）的鞋子尺码	
爸爸（妈妈）最烦恼的事情	
爸爸（妈妈）最大的愿望	
爸爸（妈妈）有哪些改变	

六、21天学生品格养成日记

【21天效应】在行为心理学中，人们把一个人的新习惯或理念的形成并得以巩固至少需要21天的现象称作21天效应。也就是说，一个人的动作或想法，如果重复21天就会变成一个习惯性的动作或想法。

第一周							
"诚信"好品格日记：准确地传达事实，以赢得他人的信任							
具体行动	本周曾经实践的项目，请打√						我的心情点滴
	一	二	三	四	五	六	日	
我一犯错就承认								
我不欺骗、偷窃								
我不夸大扭曲事实								
我愿意实话实说								

第二周							
"诚信"好品格日记：准确地传达事实，以赢得他人的信任							
具体行动	本周曾经实践的项目，请打√						我的心情点滴
	一	二	三	四	五	六	日	
我一犯错就承认								
我不欺骗、偷窃								
我不夸大扭曲事实								
我愿意实话实说								

第三周								
"诚信"好品格日记：准确地传达事实，以赢得他人的信任								
具体行动	本周曾经实践的项目，请打√							我的心情点滴
	一	二	三	四	五	六	日	
我一犯错就承认								
我不欺骗、偷窃								
我不夸大扭曲事实								
我愿意实话实说								

七、21天父母教子周记

第一周	本周曾经实践的项目，请打√	
1. 我本周没有把不好的情绪带回家，我努力创造轻松快乐的家庭氛围		
2. 我本周经常专心陪伴孩子40分钟以上（倾听、玩耍、讲故事……）		
3. 我本周经常使用肯定、鼓励的语言和孩子平等沟通		
4. 我本周和孩子一起做过户外活动：运动、玩耍、散步等		
5. 我本周发现了孩子的优点，并及时给予肯定和夸奖		
6. 我本周有拥抱孩子，并说爸爸/妈妈爱你		
7. 我本周没有当着孩子面，对爱人（家人）发脾气		

如何培养孩子的好品格

续表

第一周	本周曾经实践的项目，请打√	
8. 我本周对爱人（家人）说了爱、赞美等正能量的话		
9. 我本周用心陪伴父母或给父母打电话问候		
10. 自我点评，我本周：		

第二周	本周曾经实践的项目，请打√	
1. 我本周没有把不好的情绪带回家，我努力创造轻松快乐的家庭氛围		
2. 我本周经常专心陪伴孩子40分钟以上（倾听、玩耍、讲故事……）		
3. 我本周经常使用肯定、鼓励的语言和孩子平等沟通		
4. 我本周和孩子一起做过户外活动：运动、玩耍、散步等		
5. 我本周发现了孩子的优点，并及时给予肯定和夸奖		
6. 我本周有拥抱孩子，并说爸爸/妈妈爱你		
7. 我本周没有当着孩子面，对爱人（家人）发脾气		
8. 我本周对爱人（家人）说了爱、赞美等正能量的话		
9. 我本周用心陪伴父母或给父母打电话问候		
10. 自我点评，我本周：		

第三周	本周曾经实践的项目，请打√	
1. 我本周没有把不好的情绪带回家，我努力创造轻松快乐的家庭氛围		
2. 我本周经常专心陪伴孩子40分钟以上（倾听、玩耍、讲故事……）		

续表

第三周	本周曾经实践的项目，请打√	
3. 我本周经常使用肯定、鼓励的语言和孩子平等沟通		
4. 我本周和孩子一起做过户外活动：运动、玩耍、散步等		
5. 我本周发现了孩子的优点，并及时给予肯定和夸奖		
6. 我本周有拥抱孩子，并说爸爸/妈妈爱你		
7. 我本周没有当着孩子面，对爱人（家人）发脾气		
8. 我本周对爱人（家人）说了爱、赞美等正能量的话		
9. 我本周用心陪伴父母或给父母打电话问候		
10. 自我点评，我本周：		

八、扩展阅读：教子有方

怎样养育孩子更合理

对于小学四年级以上的孩子来说，父母在养育方式上的调整，是需要父母和孩子双方都去适应的，由于四年级以上的孩子，基础表达能力的发展基本完成，有时孩子会给父母比较直白的回馈，这让父母往往会有一种"脸上挂不住"的感觉，容易扰乱父母的情绪，非常考验父母的耐心。那么，合理的养育应对方式是什么呢？就是当我们在看到孩子的差错表现时，父母暂且留意于心，即便是制止，也尽量少使用语言，而把大量的语言用于不断认可和表扬孩子的优良表现上。

看到这里，父母们自然会发现，这种方式和当今我们从父辈沿袭的、现行的、大部分的养育方式刚好截然相反，常规的教育方式是"孩子做的不对就要说，而孩子做得好则是应该的。"我们眼睛总是落在孩子行为不对、不好的地方，嘴巴也总跟着孩子的不足和毛病走，对话中大量充斥着不断在纠正孩子的声音。而如果让父母想点或者当着孩子的面说点鼓励和欣赏孩子的话语，基本上就处于"词穷"的状态了，除了"真好"和"真棒"，字典里就再也翻不出什么别的新颖的词儿了。

为什么会出现这种现象呢？答案很容易找到，因为给一个人挑毛病，比说他哪里对哪里好要容易很多，容易到这种挑毛病的话根本不需要我们去调动什么思考的细胞，几乎张嘴就能说，这样做的不恰当之处在哪里呢？——在于角色转换时思维方式的误差。

挑毛病的方式，是我们面对工作时的严谨做事思维，而不是面对家人尤其是与孩子的情感相处思维。如果说对工作执行认真负责的表现是一丝不苟，那么，对养育孩子认真负责的表现，就是口吐莲花。无论是父母爱孩子还是孩子爱父母，很大一部分因素是来自血浓于水的基因本能，相信正在看这篇文章的很多人都会对这个本能有着相当多的纠结之感，我们纠结的恰恰就是在亲情里——这种爱恨交织的无奈……

爱的是人，而恨的是那个爱我的和我爱的人在语言上对我们过多强势的否定、打击，或是那种表面看似弱势的包办和替代。

第二章 心理资本：诚信

其实无论直白的强势还是表面的弱势，都难以在我们表现稍显良好时，及时给予我们具体的、成句子的鼓励和认可。相反，却在我们表现稍有欠佳时，那些具体的、成句子的甚至是文章化的否定、批评乃至指责的话语，会飞速般甚至是光速般地以迅雷不及掩耳的速度向我们直扑过来。

有深刻体会的人就会知道，以上所说并不是什么夸张的表述手法，试想一下，又有谁不渴望那些爱我们的人能够把这两种方式交叉调换过来，那对我们来说该是多么温暖幸福的一种体验和记忆啊。

人之常情，如果一种被对待的方式是我们自己都不那么喜欢和不容易接受的，那么孩子也同样如此。很多人可能会说："我不是也这么长大了吗？怎么我的孩子就不行呢？"确实，有的孩子就是不易适应，非但难以成才，还有极大的风险会陷入亲情的困局，迷茫混沌，乃至误入歧途。换而言之，又有谁不发自内心地渴望自己能被温柔以待呢？在养育孩子的进程中，尽早学会和掌握口吐莲花的本领，对每一位父母来说，都是一份义不容辞的责任与担当。

克制挑孩子毛病的冲动，打开找孩子优点的视角，扩充去认可孩子的词汇。鼓励自己，早一些迈出这关键的第一步。

如果你苦于不知道究竟该怎么迈出这第一步，不妨回忆一下，你平时挑孩子毛病时总说的话，如果可以，最好把这些话写下来，按照这番话的长度写出一句赞扬在你看来孩子表现还不错的行为的话，多写多练习。如果你暂时不适应实在说不出来，那么写下来是一个很不错的选择，努力尝试、积极调整，用不了多

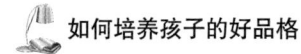

久，相信你就会因此而受益良多。

小结

- 用合理的方式守护孩子的成长，是每一位父母义不容辞的责任。
- 孩子的点滴进步，都离不开父母们无数次耐心地坚持和用心地引领。
- 让孩子更爱父母，父母也更懂孩子。

第三章

心理资本：负责

一、动机激发,让负责品格持久发光

(一)"负责"的意义

一个人在小事上靠得住,在大事上也靠得住;一个人在小事上不诚实,在大事上也不会诚实。我们不能为了逃避明天的责任而避开今天的责任。

"负责"的意思是:"答复、回应所做的承诺"。因此,负责乃是知道并履行所做的一切承诺,负责是心理资本中优秀品格的一种主要特质。

首先,我们先来了解一组词的含义:责任感与负责。责任是指对任务的一种负责和承担,而责任感则是一个人对待任务、对待学习的态度,责任感是简单而无价的。

据说,美国前总统杜鲁门的桌子上摆着一个牌子"Book of stop here(责任在此,不能再拖)"这就是责任感。一个人责任感的强弱,决定了他对待生活、学习是尽心尽责还是浑浑噩噩,而这又决定了他做事情的态度,如果生活、学习中对待每一件事都是"Book of stop here",出现问题绝不推脱,而是设法改善,那么,你将赢得足够的尊敬和荣誉。

当我们对学习、生活充满责任感时,就能从中学到更多的知识，积累更多的经验，就能从过程中找到快乐。这种习惯或许不会有立竿见影的效果，但可以肯定的是，当懒散敷衍成为一种习惯的时候，做起事情来往往就会不诚实。这样，人们最终会轻视你，从而轻视你的人品；粗劣的态度，就会造成粗劣的生活。

（二）责任感，是战胜诸多困难的强大力量

责任感会使我们有勇气排除万难，甚至可以把"不可能完成"的任务完成得相当出色；失去责任感，即使是做我们最擅长的工作，也会做得一塌糊涂。缺乏责任感的人，不会重视别人的利益，也不会因为自己的所作所为影响到别人而感到不安，他们总是推卸责任，这样的人在别人眼里是一个不可靠、不可信的人。对待人和事，是充满责任感，尽自己最大的努力还是敷衍了事，这一点正是人与人之间的区别。

（三）不找借口，为自己的功课负责

在学业中，我们常常为自己未完成作业或为考取好的分数找借口，例如，"昨天没有人告诉我老师留了什么作业呀""作业本丢了找不到了""这次考试老师出的题太难了""我会的老师都没考，考的都是我不会的"……只要刻意去找，借口总是有的！久而久之，我们习惯用借口来掩饰过失，推卸本应承担的责任，终于，借口成为一面最好的挡箭牌！

我们在学业学习中，总是会遇到挫折，我们是知难而进还是为了自己寻找逃避的借口？出现问题不是积极、主动地加以解决，而是千方百计地寻找借口。事情一旦办砸了，就能找出一些

冠冕堂皇的借口，心理上得到暂时的平衡，但长此以往，因为有各种各样的借口可找，人就会疏于努力，不再想方设法争取成功，而把大量时间和精力放在如何寻找一个合适的借口上。

借口是一种不好的习惯，一旦养成了找借口的习惯，我们的学业学习就会拖沓、没有效率。任何借口都是推卸责任，都是不负责任，都是在逃避。在责任和借口之间，选择责任还是选择借口，体现了一个人的工作态度和责任心。有了问题，特别是难以解决的问题，可能让你懊恼万分，这时候，有一个基本原则可用，而且永远适用，这个原则非常简单，就是立即面对，马上行动，永远不放弃，永远不为自己找借口。

美国西点军校里有一个广为传诵的悠久传统，就是遇到军官问话，有四种回答："报告长官，是！""报告长官，不是！""报告长官，不知道！""报告长官，不找任何借口！"除此之外，不能多说一个字。"为什么不把皮鞋擦亮？"如果回答："哦，鞋脏了，我没时间擦……"这样的回答得到的只能是一顿训斥。我们要的只是结果，而不是喋喋不休、长篇大论的辩解！既然没有擦鞋，就应该这样回答："我马上擦鞋，以后绝不出现这样的事情。"

其实，我们在学习中并没有太多的难以解决的问题，而绝大多数是类似"鞋脏了没有擦"这样没有尽到责任的举手之劳的小事情。而往往正是由于我们责任心不强（并不是没有能力），没有把这些小事做好，点点滴滴，积累起来，才形成和产生较大的不良后果。

二、"负责"好品格故事汇

父亲对自己的言行是否负责，直接影响孩子的人品和性格

查尔斯·詹姆斯·福克斯是英国著名的政治家，他以"言而有信"获得了政界较高的赞誉。

当福克斯还是一个孩子时，有一次，福克斯父亲打算把花园里的小亭子拆掉，再另行建造一座大一点的亭子。小福克斯对拆亭子这件事非常好奇，想亲眼看看工人们是怎样将亭子拆掉的，他要求父亲拆亭子的时候一定要叫他。小福克斯刚巧要离家几天，他再三央求父亲等他回来后再拆亭子，福克斯父亲敷衍地说了一句："好吧，等你回来再拆亭子。"

过了几天，等小福克斯回到家中，却发现旧亭子早已被拆掉了，小福克斯心里很难过。吃饭的时候，小福克斯小声地对父亲说："你说话不算数！"父亲听了觉得很奇怪，说："不算数？什么不算数？"原来父亲早已把自己几天前说过的话忘得一干二净。老福克斯听到儿子的话后，前思后想，决定向儿子认错。他认真地对小福克斯说："爸爸错了！我应该对自己说过的话负责！"

于是，老福克斯再次找来工人，让工人们在旧亭子的位置上，

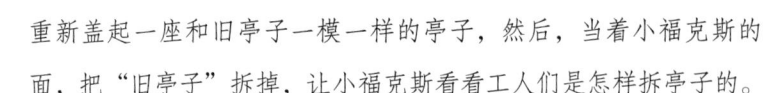

重新盖起一座和旧亭子一模一样的亭子,然后,当着小福克斯的面,把"旧亭子"拆掉,让小福克斯看看工人们是怎样拆亭子的。

后来,老福克斯总是说:"言而有信,对自己的言语负责,这一点比万贯家财来得更为珍贵!"

智慧之光:上述事例,抛开物质角度,从精神角度来看,老福克思在教子方面充满智慧。所以,不要轻易对孩子许诺,一旦许下诺言,就要尽可能照此执行。实在做不到,也应该给孩子解释清楚,有条件的话,尽快将此弥补上。这看起来像是小事,可如果父母总也不实现自己的诺言,孩子便不会再听信父母的话,因为他们会觉得父母在欺骗他们。

资源链接

为了让孩子能平稳地度过"青春前期",为了家庭的温馨和谐,一起来制订一项家庭公约吧!

家庭公约

学习上	1. 孩子要努力学好每门功课,父母请为孩子的每一次进步加油,不要拿孩子和_____比较
	2. 孩子最薄弱的学科是_____,父母会帮助孩子,而不是埋怨
	3. 孩子学习压力很大,休息日,可以上网但不超过____小时,看电视不超过____小时。父母不要总是让孩子学习学习,还可以陪孩子做_____活动
	4. 假期里,孩子自觉按时、按质、按量完成假期作业,制订好假期学习计划,父母督促孩子认真执行
	补充:

续表

生活上	1. 孩子自己的事情自己做，并要帮助父母完成一些力所能及的家务。父母要给孩子劳动的机会，可以让孩子做＿＿＿＿＿＿
	2. 孩子遇事要和父母交流沟通，并做到诚实、懂事。父母也要尊重孩子的隐私，给孩子一些自由的空间
	3. 父母要给孩子每月的零花钱是＿＿＿＿＿＿元，孩子保证节约用钱，不乱花钱
	4. 父母为孩子营造一个良好的家庭氛围，不要在家里争吵和打架
	5. 父母要多花时间陪孩子，控制自己的娱乐时间。每两周全家一起看一次电影，或进行一次家庭活动
	补充：
心理上	1. 父母要理解孩子"青春前期"的冲动和无奈，多和孩子谈谈自己的成长经历
	2. 孩子要坚持每月和父母谈心＿＿＿＿＿＿次，确保父母了解孩子的思想动态
	3. 如果孩子有想法或问题，可以通过＿＿＿＿＿＿的方式与父母进行沟通
	4. 父母要关注孩子各方面的变化，努力理解孩子发生变化的原因
	补充：

自＿＿＿＿年＿＿月＿＿日起，我们的家庭公约正式生效，希望我们共同遵守这份约定，使我们的家庭变得更加有序，气氛更加融洽。

孩子签名：＿＿＿＿＿＿＿＿＿＿＿＿＿＿

父母签名：＿＿＿＿＿＿＿＿＿＿＿＿＿＿

三、体验活动（学校版）

【活动名称】决战时刻。

【活动人数】10～16人为一组。

【活动器材】大气球约15个、大头针2支、绳环（或窗帘扣环类圆形硬空心环，靠近每一条绳子的末端必须先打一个单结）、乒乓球1个、生鸡蛋1个、纸杯1个。

【活动规则与流程】

1. 将成员平均分成A、B两队，面对面坐成两排，两排间隔约1米。

2. 选出队长，并调整两组座位，使每一排面成"ABAB AB……"的坐法，如下图所示。

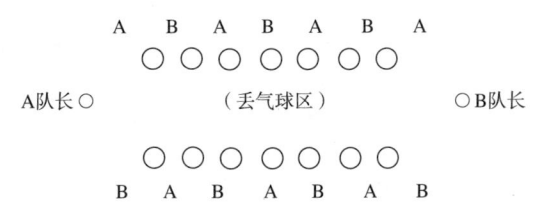

```
           A  B  A  B  A  B  A
           ○  ○  ○  ○  ○  ○  ○
A队长○           （丢气球区）         ○B队长
           ○  ○  ○  ○  ○  ○  ○
           B  A  B  A  B  A  B
```

3. 带领者将一个气球投入团体中间，成员不可起立，只能坐着用手拍气球，A组人的目标是把球拍到A队长处，B组人拍到B队长处。

4. 队长手中握有一支大头针（或图钉），他的任务是将拍过来的气球刺破；凡刺破一个气球，该组获得一分。

5. 带领者可以事先准备吹好的气球 10 个（10 回合用），每一回合都在丢气球区投入一个气球，最后统计哪一组的得分最多即获胜。

6. 攻防中禁止抓他人的手，或用手肘故意碰撞他人。如果气球拍出界外（成员坐姿无法碰触到的地方），就算出界，由带领者拾回并重新开始。

引导反思——整理活动经验与提升
1. 对于自己负责的区域及角色，投入的程度如何？右手垂直举高代表 100，平举代表 0，请用手臂比画出自己的投入程度
2. 就活动过程观察，每个人都愿意负责，并积极扮演自己的角色时，能为团队带来何种益处

四、行动学习单

（一）我的角色与责任

你目前扮演哪些角色？必须向谁负责？

☐ 儿/女　　负责对象：＿＿＿＿＿＿＿＿＿＿＿＿＿＿

☐ 学生　　　负责对象：＿＿＿＿＿＿＿＿＿＿＿＿＿＿

☐ 公民　　　负责对象：＿＿＿＿＿＿＿＿＿＿＿＿＿＿

☐ 班级干部　负责对象：＿＿＿＿＿＿＿＿＿＿＿＿＿＿

☐ 社团干部　负责对象：＿＿＿＿＿＿＿＿＿＿＿＿＿＿

☐ 夫妻/父母　　负责对象：_____

☐ ___的朋友　　负责对象：_____

☐ 其他　　　　　负责对象：_____

（二）我愿意学习负责（可多选，并请分享）

1. 负责的益处有哪些？（可多选，并请分享）

☐ 得到他人的信任

☐ 有机会负起更多的责任

☐ 让自己有更多的成长

☐ 增进人际关系

☐ 有勇气接受不同的挑战

☐ 其他_____

2. 在负责的品格上，我需要学习的方面有哪些？（可多选，并请分享）

☐ 遵守诺言

☐ 不找借口

☐ 清楚职责，尽到自己的责任

☐ 知错能改

☐ 尽全力做好自己的任务

☐ 愿意负起自己健康的责任（例如：吃早餐）

☐ 正常作息

☐ 为自己的功课负责

☐ 为自己一切的动机、行为、言语、思想、态度负责任

☐ 其他_____

五、体验活动（家庭版）

【活动一名称】学习风格分类列表。

【时间】完成家庭作业后，或休息日。

【地点】家中。

【目标】了解自己的学习特点，调整自己的学习方法，把握自己的学习节奏，树立自己的学习目标。

1. 感知方式。

学习者的特点		应选择的学习策略
A. 视觉型	喜欢图形、图表、图片等；喜欢阅读	使用图片、卡片、视频等视觉辅助工具
B. 听觉型	喜欢讲座、音频和对话交流、谈话访谈等	创造机会听讲座、音频课，参加话题讨论
C. 动作型	喜欢通过借助别人的演示来学习；喜欢通过绘画和模仿来学习语言	寻找实践的机会理解语言和文化（如通过非语言交际的方式交流）

2. 认知方式。

学习者的特点		应选择的学习策略
A. 整体型	善于抓住大意，即使遇到不认识的词汇或不懂的概念，也能很好地与别人进行交流	学会理解听力或阅读材料的大意，懂得细节并不妨碍理解整体意义
B. 细节型	需要通过具体的例子才能完全理解；注意具体的事实和信息；善于记忆新词和短语	意识关注细节对理解很重要，参与"填充缺失信息"等练习活动
C. 综合型	善于发现和归纳要点；喜欢猜测意思，预测结果；能够很快发现事物间的相似点	学会归纳大意、猜测意思和预测结果，发挥整合信息的能力
D. 视觉型	喜欢思考和分析；喜欢做对比分析和排除法的练习；对社会情感因素不敏感；关注语法规则	做分析性的练习；参与逻辑分析和语言对比的任务；寻找一本好的语法书帮助学习
E. 尖锐型	在记忆的过程中善于发现项目之间的差异；分开储存项目，分别提取项目，能够区分语音特征、语法结构和词义的细微差异	在最开始接触学习材料时，留出足够的时间
F. 齐平型	分块记忆材料，往往忽略它们之间的差异而更多地关注相似点；在社会情境中，经常为了提高流利程度而忽略差异；经常会混淆记忆，把新的经历与以往的经历结合	多进行交际，不必在意语言和结构的细微差异；注意某些好的表达方式
G. 演绎型	喜欢由一般到具体的方式，把结论应用到实践中；愿意从规则和理论入手，而不是从具体的例子入手	利用语法和其他规定了规则的学习材料；找到能给自己解释规则的学习伙伴

续表

学习者的特点		应选择的学习策略
H. 归纳型	喜欢由具体到一般的方式,从具体的例子而不是从规则和理论入手	通过直觉学习规则,不关注具体细节
I. 独立型	能够同时注意语言的细节和整体,而不受它们的干扰;善于同时处理多个语言部分	参加需要多种检测手段的任务
J. 依赖型	需要一定的情境来帮助理解信息,因此,只关注语言的某一部分或某一方面;同时,处理语言的多个方面的特征会有一定困难	参加一次只关注几个概念的活动或任务
K. 冲动型	加工材料的速度快,但准确性低;愿意冒险和猜测	创造一些即兴表达的机会
I. 思考型	加工材料的速度慢,但准确性高;避免冒险和猜测	参与"冒险性"的活动,如口语等

3. 个性特点。

学习者的特点		应选择的学习策略
A. 外向型	对外部世界感兴趣,积极,善于交际,性格外向,通常兴趣广泛	参与一系列社交的、互动的学习任务(如游戏、对话)
B. 内向型	对内部世界感兴趣,能够集中注意力,善于理解概念;兴趣较少,但是精通,善于自我反思	参与独立完成的任务(如自学、阅读或使用电脑学习)或是与另一个比较熟悉的学习者共同完成活动
C. 随机—直觉型	喜欢学习抽象的概念和建构模型,面向未来;爱推测可能性,喜欢随机的方式	参与面向未来的活动,如推测可能性

续表

学习者的特点		应选择的学习策略
D. 具体—程序型	喜欢按部就班地学习，严格按指令办事，有很强的感性和程序性，面向现在	按步骤完成任务，在完成每个步骤后，从同伴、教师那里得到反馈信息
E. 封闭型	愿意做决定和采取行动；能制订并且遵守计划；有很强的控制力；对歧义的容忍度低；经常为了尽快找到答案而妄下结论；重视实践期限	事先计划，确定实践期限；接受指定的指导，多问问题
F. 开放型	善于收集信息；通常在广泛地获取信息和经验的基础上才下结论；认为学习是愉快的；有很强的灵活性；对歧义的容忍度高；不关心规定的时间期限	寻找和发现学习的机会、收集信息的机会

【活动二名称】亲子共读。

【活动时间】每天睡前10～15分钟或其他时间段。

【活动目标】通过共读，父母与孩子共同学习，一同成长；通过共读，为父母创造与孩子沟通的机会，分享读书的感动和乐趣；通过共读，可以培养孩子阅读的兴趣。

【前期准备】购买相关亲子阅读书籍。

【活动过程】推荐两种亲子共读的方法——大声为孩子读书和持续默读。

大声为孩子读书，就是为孩子念书，读出声音来。建议父母每天选择一个固定的时间，比如，在临睡前为孩子读一本书的章节，每天至少10分钟。选择图书时，主要选择适合大声读的书，关键是孩子感兴趣的书。大声读的活动可以一直持续到孩子小学毕业。

持续默读，就是每天选择一个固定的时间，确定为默读时间，家庭的全体成员各自选择自己喜爱的书、报纸、杂志，安静地享受阅读，每天 10～15 分钟。在这个过程中，不提问、不讨论，父母不监督孩子的行为，也不要求任何读书记录或写读后感。如有可能，这种活动最好一直坚持下去。

【活动三名称】为家庭出行做预算。

【活动时间】每月 1 次。

【活动目标】为家庭每月一次的出行安排做预算。

【前期准备】购买相关亲子阅读书籍。

【活动过程】读万卷书，行万里路，与其让孩子宅在家里，不如出去走走，既能亲近自然，又能增长见识。为了让整个行程舒适开心，给父母和孩子留下珍贵的回忆，我们需要为每次出行做好攻略。每次攻略中预算的环节可以交给孩子。家长告诉孩子本次出行的地点，需要准备的物品，以及预算的经费，让孩子做好计划。采购的时候，家长让孩子带着准备好的购物清单。

购物清单		
物品	预算	实际购买价格
物品 1		
物品 2		
物品 3		
……		

六、21天学生品格养成日记

第一周								
"负责"好品格日记：知道对他人的承诺，并付诸行动								
具体行动	本周曾经实践的项目，请打√							我的心情点滴
	一	二	三	四	五	六	日	
完成师长或父母交予我的任务（例如：家庭作业、打扫卫生、自我卫生）								
负起照顾自己健康的责任（例如：充足的睡眠、每天吃早餐）								
我遇见困难时，愿意坚持到底，不轻易放弃								
遵守对他人的承诺（例如：守时、守约）								

第二周								
"负责"好品格日记：知道对他人的承诺，并付诸行动								
具体行动	本周曾经实践的项目，请打√							我的心情点滴
	一	二	三	四	五	六	日	
完成师长或父母交予我的任务（例如：家庭作业、打扫卫生、自我卫生）								

续表

第二周								
"负责"好品格日记：知道对他人的承诺，并付诸行动								
具体行动	本周曾经实践的项目，请打√							我的心情点滴
	一	二	三	四	五	六	日	
负起照顾自己健康的责任（例如：充足的睡眠、每天吃早餐）								
我遇见困难时，愿意坚持到底，不轻易放弃								
遵守对他人的承诺（例如：守时、守约）								

第三周								
"负责"好品格日记：知道对他人的承诺，并付诸行动								
具体行动	本周曾经实践的项目，请打√							我的心情点滴
	一	二	三	四	五	六	日	
完成师长或父母交予我的任务（例如：家庭作业、打扫卫生、自我卫生）								
负起照顾自己健康的责任（例如：充足的睡眠、每天吃早餐）								
我遇见困难时，愿意坚持到底，不轻易放弃								
遵守对他人的承诺（例如：守时、守约）								

七、21 天父母教子周记

第一周	本周曾经实践的项目,请打√
1. 我本周没有把不好的情绪带回家,我努力创造轻松快乐的家庭氛围	
2. 我本周经常专心陪伴孩子 40 分钟以上(倾听、玩耍、讲故事……)	
3. 我本周经常使用肯定、鼓励的语言和孩子平等沟通	
4. 我本周和孩子一起做过户外活动:运动、玩耍、散步等	
5. 我本周发现了孩子的优点,并及时给予肯定和夸奖	
6. 我本周有拥抱孩子,并说爸爸/妈妈爱你	
7. 我本周没有当着孩子面,对爱人(家人)发脾气	
8. 我本周对爱人(家人)说了爱、赞美等正能量的话	
9. 我本周有用心陪伴父母或给父母打电话问候	
10. 自我点评,我本周:	

第二周	本周曾经实践的项目,请打√
1. 我本周没有把不好的情绪带回家,我努力创造轻松快乐的家庭氛围	
2. 我本周经常专心陪伴孩子 40 分钟以上(倾听、玩耍、讲故事……)	

续表

第二周	本周曾经实践的项目，请打√	
3. 我本周经常使用肯定、鼓励的语言和孩子平等沟通		
4. 我本周和孩子一起做过户外活动：运动、玩耍、散步等		
5. 我本周发现了孩子的优点，并及时给予肯定和夸奖		
6. 我本周有拥抱孩子，并说爸爸/妈妈爱你		
7. 我本周没有当着孩子面，对爱人（家人）发脾气		
8. 我本周对爱人（家人）说了爱、赞美等正能量的话		
9. 我本周有用心陪伴父母或给父母打电话问候		
10. 自我点评，我本周：		

第三周	本周曾经实践的项目，请打√	
1. 我本周没有把不好的情绪带回家，我努力创造轻松快乐的家庭氛围		
2. 我本周经常专心陪伴孩子40分钟以上（倾听、玩耍、讲故事……）		
3. 我本周经常使用肯定、鼓励的语言和孩子平等沟通		
4. 我本周和孩子一起做过户外活动：运动、玩耍、散步等		
5. 我本周发现了孩子的优点，并及时给予肯定和夸奖		
6. 我本周拥抱孩子，并说爸爸/妈妈爱你		
7. 我本周没有当着孩子面，对爱人（家人）发脾气		
8. 我本周对爱人（家人）说了爱、赞美等正能量的话		
9. 我本周有用心陪伴父母或给父母打电话问候		
10. 自我点评，我本周：		

八、扩展阅读：教子有方

财商培养，事不宜迟

这个年龄段的孩子，早已经具备了充分的自我行动能力，但对于想买什么、要买什么和应该买什么，还几乎没有建立起理性对待的意识与能力，那我们不妨就顺应孩子的发展特点，为孩子搭建一套初期的财商基础，适时地着手开始培养孩子对金钱和欲望的平衡意识。早培养，更省心。

很多父母对"财商"这两个字在认识上存在着误区，认为这就是给孩子钱花和控制孩子花钱这一进一出的、普通得不能再普通的物质交换关系，虽然关于财商的最浅显解释是花钱有节制，赚钱有本事和管钱有方式，但"财商"的实际含义却远远不止于此，它包括了先劳动与后获得的付出概念、不珍惜与要节制的行为习惯，应该还有感恩的认知差别，甚至还有究竟是要为自己设定自食其力、努力上进的人生目标，还是选择依靠父母、得过且过的空中楼阁。

这并不是什么危言耸听的话，因为当下这个时代，信息传播的速度和密度都太快太大了，很多在我们看来博我们一笑的小笑话、小视频，在未成年人的感官世界里，却在潜移默化地影响着他们价值观的形成。有的父母看到这里可能会想，那我就严防死守，不让孩子接触到这些信息总可以了吧。这种方式的可操作性其实是非常低的，而且通常是父母管控得越严密，孩子的好奇心就越活跃，一定会在没有你出现的地方拼命挖掘，小心思多一点的孩子还会当着你的面一套，背着你的面又一套。无非就是哪天被父母刚好抓着现形，然后再被狠狠地教训一顿后，孩子继续更加完善他的隐蔽战线罢了。蠢蠢欲动的小火苗非但不会被我们的疾风骤雨所扑灭，相反还更有春风吹又生的极大可能。与其被动无效地选择严防死守，倒不如积极合理地主动出击，帮助孩子建立起一套对金钱、支配、管理、责任、权力和利益的正向认识与辨识。

首先，我们要尽量克服自己在物质上对孩子有过度满足的行为，即便是我们出于工作性质的原因长期无法陪伴在孩子的身边，也要不断告诫自己——用金钱和物质去大量补偿爱的方式，是非常不可取的。

其次，杜绝溺爱，也就是不要给孩子造成一种在家里超有优越感的现象，如果家里的每一位养育者都以孩子为轴心，孩子只会越来越习惯于有人对他笑脸相迎和唯其马首是瞻，而当孩子在学校同伴那里无法获得这种在他看来是理所应当的特殊待遇的时候，他很可能会通过给同学花钱买东西的方式，刻意营造出这种虚荣的假象，这种虚荣心一旦完整地建立起来，会直接导致孩子无心学习，不愿吃苦。

再有就是一定要在孩子回到家中后这有限的时间里，让孩子参与家务劳动。劳动可以是有偿的，我们不以单次或几次做得是否完美为唯一评判标准，还要加入孩子坚持做家务所持续的时长，设立好奖励机制，这样更有利于孩子早日养成为家庭有所分担的好习惯。

国内外有大量权威的实例与数据显示，越是定期有规律承担家务的孩子，越是拥有更好的自控力，也就是懂得如何管理自己的学业和分配自己的时间。

以上这三点，是养育和培养孩子进入良性成长轨道发展的基础，父母们不可忽视。

孩子是否懂得花钱要有节制，来自我们对孩子是否倾注了过量的金钱和物质。

孩子是否明白赚钱要靠本事，来自我们对孩子是否进行了足够的坚持教育。

孩子是否学会了管钱的方式，则来自我们对孩子是否普及了一定的财商教育。

第四章

心理资本：专注

一、动机激发，让专注品格持久发光

（一）专注力创造高情商

专注力，又称注意力，指一个人专心于某一事物或活动时的心理状态，全神贯注的态度，表达对他人及事物的重视。

当我们还是胎儿在母腹中被孕育的时候，耳朵是五官中最先开始发生功用的，而耳朵也是人离世时最后丧失功能的器官，所以，耳是五感之中最为重要的通道。古有文字"聽"，其书写口诀为"耳"为王，十目一心，可见用耳接收信息全心全意方能正确解读其含义，听的质量直接显现情商的高低。

那什么是情商呢？情商，是区分自己与他人情绪的能力，调解自己与他人情绪的能力，运用情绪信息去引导思维的能力。简单说："情商管理的能力，是一种准确觉察、评估和表达情绪的能力，是一种接近并产生感情，以促进思维的能力，是一种调解情绪，以帮助情绪和智力发展的能力。"

情商在小学 4～6 年级是极佳且重要的培养黄金时段。

情商大致在五个方面得以体现，可作为我们衡量的大致标准。

1. 自我觉察情绪，对自己的情绪变化有比较清楚的了解（例如，当我们生气、愤怒时，能马上意识到自己的失态）。

2. 驾驭心情，尤其在坏心情不期而至时，能很快冷静下来，甚至从另一个更加积极的角度重新审视它。

3. 自我激励，前进时富有激情和目标，摔倒时能很快爬起来。

4. 了解他人的情绪，也就是能想人所想、忧人所忧。

5. 人际关系中的艺术和技巧（例如，第一次见面就能牢牢记住别人的名字）。

情商分为两大区域："人际智力"和"自知智力"。人际智力，能够认识他人的情绪、性情、动机、欲望，并作出适度的反应；而自知智力则能够根据自己的感受，规范个人行为。

专注聆听对方所说的话，便是最直接地表达了对对方的尊重，它让我们集中精神、细心观察、认真聆听，始终保持一种谦逊的心态。

所以，教导孩子专注的品格，并帮助他们体验专注带来的益处，将有助提升其在学习中面对知识的态度、消化知识的速度和运用知识的水准，朝着设定的目标全力以赴。同时，改善人际关系，为孩子与同伴、老师、父母之间的相处交往，提供良性助力。

（二）专注力，是一切学习的基础

意大利著名教育家蒙台梭利曾说：专注力，是一切学习的基础。专注力越好，学习效率越高，学习成绩提高越快；反之，专注力差，无论怎么做，成绩都很难有所提升。我们曾经做过一个实验，将班级里的学生分为两组进行观察，一组是成绩较差的，一组是成绩优异的，观察一段时间后发现，成绩较差的学生，经常分神，即使老师和家长在旁边盯着，也无法认真专注地学习；而成绩较优异的学生，无论是在学校还是家里，学习上的专注力都非常强，往往一坐两三个小时不受外界打扰。

最后，我们得出结论，影响孩子学习效果的最大因素是：学习时的专注力。

其实，只要我们细心观察周围"别人家的孩子"，也不难发现，他们并不一定更聪明更努力，之所以能学什么都快，学什么都能学好，绝大部分原因是他们够专注。

（三）对专注力的认识误区

"天才，首先是注意力。"在接触了很多为孩子专注力而苦恼的家长后，我们发现，这些家长或多或少都对孩子的专注力存在着认识上的误区和解读上的误解。

第一，很多家长认为孩子是故意不专心，所以必须给予训斥，发火甚至是打骂孩子。

其实，专注力是一种能力，如果孩子没有大人督促只能专注5分钟，那5分钟就是孩子目前的专注时长极限；如果孩子现在能专注20分钟，那20分钟就是孩子目前的专注时长极限。专注力保持时间的增加，是需要通过训练来逐步提高的。

第二，孩子不专心是因为年龄小、贪玩。

其实每个年龄段都有该年龄段专注力的正常水平，如果孩子低于这个正常水平，就是专注力不足。

各年龄段孩子注意力保持的正常时长	
1岁以下的孩子	集中注意力的时间不超过 15 秒
1岁半的孩子	对感兴趣的事物可以集中注意力 5 分钟以上
2岁的孩子	集中注意力的平均时间大约为 7 分钟
3岁的孩子	平均为 8 分钟
4岁的孩子	平均为 12 分钟
5岁的孩子	平均为 14 分钟
小学低年级的孩子	一般可以集中注意力在 20 分钟左右
10~12岁的孩子	一般可以集中注意力在 25 分钟左右
12岁以上的孩子	可以达到 30 分钟

孩子年龄越小，专注力越容易改善，如果家长一味等待，想着长大了就好了，只会造成相反的效果。大量案例证明，75% 以上孩子的专注力在训练的最佳时期没有得到改善和增强，到了青春期，专注力差的问题更加凸显，对孩子在学业上的负面影响也越来越大。

第三，不爱学习所以不专心，因为孩子看电视、玩手机都可以专注很长时间。

这是巨大的误区！看电视、玩手机属于信息的被动输入，不需要刻意专注，就能轻松地接收信息，所以，孩子在看电视的时候，注意力反而是比较涣散的，习惯了这种状态的孩子，就很难

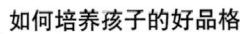

在像阅读书籍或学业学习这种要主动输入信息的事情上保持专心了。

训练注意力的四大核心要素	
持久性	让孩子专注时间变长
集中性	让孩子减少粗心大意
稳定性	让孩子增强抗干扰能力
转移性	让孩子从一件事转到另一件事时依旧能保持专心

二、"专注"好品格故事汇

吴道子学画

唐朝时，有个叫吴道子的少年，因父母双亡，只好背井离乡。一天，吴道子路经河北赵州城"柏林寺"，看见油灯下一位年迈的老和尚正在殿墙上聚精会神地画画。吴道子很好奇，轻轻地走了进去，站在老和尚身后看画画。过了许久，老和尚一回头，发现一个十来岁的男孩这么出神地看他画壁画，打心里欢喜，便问吴道子："孩子，你喜欢这幅画吗？"吴道子点了点头并且告诉老和尚想学画画。得知吴道子身世可怜，老和尚收留了他。

一天，老和尚把吴道子领到后殿，指着雪白的墙壁说："我想在这空壁上画一幅《江海奔腾图》，画了多次都不像真水实浪。明天我带你到各地江河湖海周游三年，回来再画它。"第二天一大早，吴道子收拾好行李，就跟着老和尚出发了。

无论走到哪里，老和尚都叫吴道子练习画水。吴道子开始还很认真，可时间一长，他就觉得有些腻烦了，画起来就不怎么用功了。老和尚把他叫到身边说："吴道子呀，要想把江河湖海奔腾的气势画出来，非下苦功不可，更要一个水珠、一朵浪花地画。"说罢，老和尚打开随身带的木箱，吴道子一瞅怔住了：这满满一箱画稿，没一张是完整的，上面全是一个小水珠、一朵浪花或一层水波！这时，吴道子才知道自己错了。从此，他每天早起晚归学画水珠浪花，风天雨天，也打着伞到海边观望水波浪涛的变化。经过三年的历练，吴道子的画功大有长进，终于画出了著名的《江海奔腾图》。从那以后，来柏林寺观赏临摹《江海奔腾图》的文人画师络绎不绝。但吴道子并不骄傲，他更加刻苦地学画，终于成为中国盛唐时期的"画圣"。

智慧之光：也许仅仅有专注，并不能让一个人成功，但如果没有一种专注的精神，是肯定很难取得成功的。不管我们做什么事，专心，都非常重要。

资源链接

兴趣发展的三个阶段

学习兴趣的发生、发展过程对一个孩子而言常常会经历"有趣"到"兴趣"再到"志趣"的阶段，当然，如果教育不当,任何一个孩子都有可能只是停留在"有趣"或者"兴趣"的阶段,而无法发展到"志趣"阶段。

1. 有趣阶段。

好玩、有趣,对孩子来说是一种带有本能的倾向,比如,用力撕手边能碰到的纸张,一边撕一边笑,一边撕一边听"刺啦刺啦"的声音;如果看到一群蚂蚁,他会蹲下来久久不愿离去,或者用棍子去拨动蚂蚁,还有些孩子会用手指去挡着蚂蚁的前进道路,或者用手指按蚂蚁,用脚踩蚂蚁等。

这种感觉有点类似于成人的"研究",而这种状态是天生的,不需要教育引导,只需要合适的环境就行。因为从孩子的角度看,他周围的一切都是新鲜的,包括他自己的身体,都是可以观察、操控、把玩和研究的。

2. 兴趣阶段。

学习兴趣不仅与学生已经具备的基础知识有关,还与孩子所获得的支持环境有关。

当孩子在生活或学习中被某个想了解却又不了解的问题触动时,会激起他的好奇心,进而形成探索的欲望与学习兴趣。如果处于这个状态的孩子拥有较好的探索习惯,不放弃问题,不绕着问题走,那么他就会进一步探究下去;如果孩子还没有养成探究的习惯,那么他可能灵光一闪,然后就转移到其他事情上去了,这时,如果父母能够给予孩子一定的支持,那么孩子也会跟着父母的引导或者提供的支持环境继续探究下去。

深入的探究会形成兴趣，持续下去就会变成爱好。孩子产生了学习兴趣，就能唤起他无穷的动力，兴趣具有专一性和坚持性的特点。

3. 志趣阶段。

如果说兴趣是具有个性特征的，更多的是从个人角度出发对好奇心的一种满足，那么，志趣就与社会有关，与更多的人的利益有关，与价值相关。当一个人将爱好与高尚的理想、远大的奋斗目标相结合时，兴趣就发生了飞跃，而成为志趣。志趣不是每个人都能达到的，也不是所有的兴趣都能到志趣阶段，它和一个人所受到的教育方向与质量有关。如果孩子受到的教育不仅仅停留在个人成功的层面上，还有胸怀天下、放眼社会的情怀，那么孩子的学习兴趣就更容易往志趣方向发展。志趣可以决定一个人的进取方向，奠定他事业的基础，也能决定其未来成就的高度。

三、体验活动（学校版）

【活动一名称】心跳百分百。

【活动人数】10～12人为一组。

【活动目标】学习专注地运用听觉、视觉及触觉，并认识专注对个人与团体的益处。

【活动规则与流程】

1. 将所有人平均分成两排,面对面坐下来,相互间的距离约一步。

2. 放一张椅子在排尾的中间(距离最后一个人约伸手可及之处),上面放一个布娃娃(捏一下会叫出声音的更好)。

3. 活动开始后,除了排头第一个人可以睁开眼睛外,其余人必须把眼睛闭上,过程中全体保持无声。

4. 带领者在排头处丢1元硬币,当硬币落地后显示"人头"时,排头马上用肢体传递信息,从排头将信息传到排尾(例如,抓彼此的手),通知排尾的人抢娃娃,最先抢到者获胜(抢的时候仍然闭眼睛)。

5. 若硬币显示"非人头"时,不必传抢布娃娃的信息,但其中一组错传信息以至抓到娃娃时,算另一组获胜一次。

6. 获胜一次得1分,每一回合先得到5分的组别获胜。可进行两三回合,并交换两组位置。

7. 每一次比赛,获胜的一方必须将排尾的人调至排头,原排头转成第二,依此类推。若成员较多,最好有机会让每一个人都当一次排头与排尾,亲身体验一下紧张的心情。

【活动二名称】审问"战俘"。

【活动人数】20人。

【活动目标】培养参与者听的专注力与沟通能力,它可以展示以小组为单位解决问题的好处。

【活动场地】空地或操场。

【活动用具】以下材料每组一套。

1. 两顶红帽子，分别装在两个不透明的厚纸袋里。

2. 两顶蓝帽子，分别装在两个不透明的厚纸袋里。

3. 一堵砖墙或一棵大树（用来把一名队员和其他三名队员隔开）。

【活动规则与流程】

1. 把学员分成5组，把4顶帽子分别放入4个纸袋子里，注意放的过程不要让学员们看见。在袋子上做好标记，以保证在发帽子时，给1号战俘一顶红帽子，2号战俘一顶蓝帽子，3号战俘一顶红帽子，4号战俘一顶蓝帽子。

2. 邀请4名志愿者充当战俘。给每个志愿者一个装有帽子的纸袋，告诉他们得到命令之后才能打开纸袋，不得擅自开启。

3. 让4名志愿者排队站好，1号战俘站在砖墙或大树的后面，将被戴上一顶红帽子；2号战俘站在砖墙或大树的一侧，将被戴上一顶蓝帽子；3号战俘站在2号战俘的后面，将被戴上一顶红帽子，以此类推。4个志愿者站好后，告诉他们在任何情况下都不许说话和回头。

4. 让其他队员每4个人组成一个小组，并告诉他们保持沉默，仔细聆听。

5. 所有小组组建完毕、就位之后，给站好的4个战俘做游戏开场白，开场白如下：

请你们把自己想象成战俘营里的战俘。战俘营的司令让你们4个人站成一排，并给每人戴上一顶帽子。他不许你们移动、回头和说话。如果有人胆敢回头或说话，就会立刻被枪决。现在，请你们闭上眼睛，把帽子从袋子里拿出来戴在头上。在这个过程中，任何人都不许看自己的帽子。司令让你们猜出自己所戴帽子的颜色，如果你们 4 个人中有人能说对自己所戴帽子的颜色，你们 4 个人都会被释放。但是，如果第一个答案是错误的，你们都会被"枪决"。显然，第一个答案将决定你们的命运。一个重要的已知条件是 4 顶帽子中两顶是红色的，两顶是蓝色的。

6. 确保 4 个人都明确了问题和规则后方可开始。

7. 把其他小组带到这 4 个人听力所及的范围之外，问他们哪个战俘可能会猜出自己帽子的颜色？为什么？

8. 找到答案之后，培训师引导学员就解决问题、团队合作和沟通等方面展开讨论。

【答案】

只有第三个战俘可以猜出自己所戴帽子的颜色。因为他可以看到自己前面的人（也就是 2 号战俘）戴着蓝帽子，他可以据此这样推理：如果他自己也戴着一顶蓝帽子的话，4 号战俘就会看到两顶蓝帽子，那么 4 号战俘就可以知道自己戴的是红帽子；但是 4 号战俘没有说话，这说明 4 号战俘一定是看到了一顶蓝帽子和一顶红帽子。而自己已经看到了一顶蓝帽子，那么自己的帽子一定是红色的。

引导反思——整理活动经验与提升	
A	你在活动中专注的程度如何？请伸出双手手指，用 1～10 表示自己的感受，1 是最低、10 是最高。为什么会有那样的感受

续表

	引导反思——整理活动经验与提升
B	在专注的活动中,用到身体哪些感官的功能
C	活动过程中,你觉得专注对你或小组成员有什么好处
D	上课或在家里做功课时,常令你分心的原因是什么
E	面对自己没有兴趣的科目及事情,未来如何才能更专注

四、行动学习单

(一)我可以更专注

　　　做什么事　　　　　　分心原因　　　　　　如何专心

例:写功课　　　　电视声音、想玩电脑　　把电视、电脑关掉

1._____　　　_____　　　_____

2._____　　　_____　　　_____

3._____　　　_____　　　_____

(二)我愿意学习专注(可多选,并请分享)

□ 在学校上课时,不和他人说话

□ 长辈对我说话时,我能放下正在做的事,专注地看他,并注意听

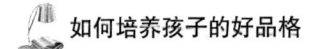

☐ 在家里做功课时，除非安排好休息时间，否则不看电视、不玩游戏、不上网

☐ 注意到那些曾留意的小细节

☐ 边听边思考

☐ 能最大限度地利用有限时间

☐ 我会试着记笔记

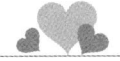

五、体验活动（家庭版）

【活动一名称】西蒙说。

【活动时长】5分钟。

【场地要求】室内。

【材料准备】"西蒙说"游戏活动表。

【活动步骤】

1. 请参与者站立，准备好做"西蒙说"游戏。

2. 告诉大家一个简单的规则：当你说"西蒙说"并发布一项指令时，大家应该遵从指令，当你发布一项指令而不说"西蒙说"时，他们将不遵从指令。

3. 发布指令，每项指令发布后，正确遵从指令的人可以继续站立，没有正确遵从指令的人将坐下。

4. 当指令发布完成后，宣布仍然站立的人获胜。

【注意事项】

1. 请一个参与者带领大家完成"西蒙说"游戏。

2. 快速发布指令,如果指令发布得太迟缓,则没人会犯错。

"西蒙说"活动	
西蒙说	举起你的右手
西蒙说	举起你的左手、放下右手
西蒙说	放下左手
西蒙说	右手指向上方
西蒙说	左手指向下方
西蒙说	双手指向自己
西蒙说	不要指向任何地方,坐下
西蒙说	站起来
西蒙说	单腿站立
西蒙说	双腿站立
西蒙说	和你旁边的一个人握手
西蒙说	转过身来
西蒙说	向后转
西蒙说	握自己的手

【活动二名称】评选最佳。

【活动时长】5～10分钟。

【场地要求】室内。

【材料准备】每人一张"评选最佳"活动表。

【活动步骤】

1. 活动组织者告诉参与者：在20世纪60～80年代，美国的一些高中常在高年级学生中评选最佳学生，这些"最佳"往往包括最具智慧、最佳外表、最具潜力、最具活力等。评选的难点是在学生之中进行筛选，选出获胜者。用发展的眼光看自己，并提出下面的问题，如"我什么时候最可能成功"或"我哪些方面的才能最突出"。

2. 组织者向参与者分发"最佳评选"活动表，请他们快速填空。

3. 填写完成后，共同探讨答案。

【注意事项】

1. 做活动时可播放一些有年代怀旧感的音乐。

2. 让活动的过程保持轻松，鼓励参与者在讲述自己故事时保持轻松和幽默。

3. 参与者自己也要填写一份答案，并和大家一起讨论分享。

"评选最佳"活动清单 （在下面每句话的空白处依次填写）	
1	当我_____时，我最有才能
2	当我_____时，我最可能成功

续表

	"评选最佳"活动清单 （在下面每句话的空白处依次填写）
3	当我_____时，我最博学
4	当我_____时，我最好看
5	当我_____时，我最有活力
6	当我_____时，我最帅气/漂亮
7	当我_____时，我最友好
8	当我_____时，我自我感觉最好

六、21天学生品格养成日记

第一周								
"专注"好品格日记：以全神贯注的态度表达对他人的重视								
具体行动	本周曾经实践的项目，请打√							我的心情点滴
	一	二	三	四	五	六	日	
与他人交谈时，眼神注视对方								

续表

第一周							
"专注"好品格日记：以全神贯注的态度表达对他人的重视							
具体行动	本周曾经实践的项目，请打√						我的心情点滴
	一	二	三	四	五	六	日	
上课时，专心听讲或做笔记							
排除干扰，专心读书							
至少一次检视自己的生活目标							

第二周							
"专注"好品格日记：以全神贯注的态度表达对他人的重视							
具体行动	本周曾经实践的项目，请打√						我的心情点滴
	一	二	三	四	五	六	日	
与他人交谈时，眼神注视对方							
上课时，专心听讲或做笔记							
排除干扰，专心读书							
至少一次检视自己的生活目标							

第三周								
"专注"好品格日记：以全神贯注的态度表达对他人的重视								
具体行动	本周曾经实践的项目，请打√							我的心情点滴
	一	二	三	四	五	六	日	
与他人交谈时，眼神注视对方								
上课时，专心听讲或做笔记								
排除干扰，专心读书								
至少一次检视自己的生活目标								

七、21天父母教子周记

第一周	本周曾经实践的项目，请打√
1. 我本周没有把不好的情绪带回家，我努力创造轻松快乐的家庭氛围	
2. 我本周经常专心陪伴孩子40分钟以上（倾听、玩耍、讲故事……）	
3. 我本周经常使用肯定、鼓励的语言和孩子平等沟通	
4. 我本周和孩子一起做过户外活动：运动、玩耍、散步等	

如何培养孩子的好品格

续表

第一周	本周曾经实践的项目，请打√	
5. 我本周发现了孩子的优点，并及时给予肯定和夸奖		
6. 我本周有拥抱孩子，并说爸爸/妈妈爱你		
7. 我本周没有当着孩子面，对爱人（家人）发脾气		
8. 我本周对爱人（家人）说了爱、赞美等正能量的话		
9. 我本周有用心陪伴父母或给父母打电话问候		
10. 自我点评，我本周：		

第二周	本周曾经实践的项目，请打√	
1. 我本周没有把不好的情绪带回家，我努力创造轻松快乐的家庭氛围		
2. 我本周经常专心陪伴孩子40分钟以上（倾听、玩耍、讲故事……）		
3. 我本周经常使用肯定、鼓励的语言和孩子平等沟通		
4. 我本周和孩子一起做过户外活动：运动、玩耍、散步等		
5. 我本周发现了孩子的优点，并及时给予肯定和夸奖		
6. 我本周有拥抱孩子，并说爸爸/妈妈爱你		
7. 我本周没有当着孩子面，对爱人（家人）发脾气		
8. 我本周有对爱人（家人）说了爱、赞美等正能量的话		
9. 我本周有用心陪伴父母或给父母打电话问候		
10. 自我点评，我本周：		

第三周	本周曾经实践的项目，请打√
1. 我本周没有把不好的情绪带回家，我努力创造轻松快乐的家庭氛围	
2. 我本周经常专心陪伴孩子40分钟以上（倾听、玩耍、讲故事……）	
3. 我本周经常使用肯定、鼓励的语言和孩子平等沟通	
4. 我本周和孩子一起做过户外活动：运动、玩耍、散步等	
5. 我本周发现了孩子的优点，并及时给予肯定和夸奖	
6. 我本周有拥抱孩子，并说爸爸/妈妈爱你	
7. 我本周没有当着孩子面，对爱人（家人）发脾气	
8. 我本周对爱人（家人）说了爱、赞美等正能量的话	
9. 我本周有用心陪伴父母或给父母打电话问候	
10. 自我点评，我本周：	

八、扩展阅读：教子有方

孩子课堂上注意力不集中怎么办（一）

说到注意力，父母首先要了解它的两大核心维度，一个维度叫"指向性"，另一个维度叫"稳定性"，这两个维度结合得越好，就越专注。

那什么是"指向性"呢？简单来说就是反应速度——指到哪里看到哪里、看到哪里听到哪里、听到哪里记到哪里、记到哪里想到哪里。那什么是"稳定性"？不言而喻就是持续的时长。心理学有一项实验研究表明，小学生能够连续集中注意力的时长是20分钟，也就是说这已经是一个极限时长了。

一堂课45分钟，一天6～8堂课，让一个处在这个年龄段的孩子每堂课都能保持高度集中的注意力，难免有些强人所难，这还没有算上兴趣班以及家庭作业的时间。那有家长可能会问了，"我不要求我的孩子每堂课都能全部集中注意力，我只要求他能保持住这20分钟总可以吧……"当然可以，只是有一个前提——家长不能只会提要求、挑毛病而不对孩子加以训练。

"集中注意力"是一种能力，更是一项本领，家长只提出要求而不对孩子加以阶段性的训练，结果是很难如愿的。我们先不急着来探讨怎么训练，我们先来一起看看，孩子在课堂上注意力不集中，究竟有哪些原因，因为第一步是"找原因"，第二步才是"想办法"。

这个年龄段的孩子有一种非常主观而且强烈的"喜好心理"，就是我喜欢什么、我偏好什么、我擅长什么，那我就专注什么。同时，对于不喜欢、不擅长的就比较难以客观地看待，更谈不上更专注地对待了。这算不上是什么可恶的缺点，只能说是这个年龄在本能上的一种特性和特点。所以，在这里友情提示一下父母，尽量用积极的视角看待你的孩子，这样会让你早日养成不给孩子贴负面标签的好习惯。

第四章 心理资本：专注

那我们该怎样引导孩子从主观喜好走向客观对待呢？请注意这里用的是"引导"而不是"教导"或"开导"，它们有什么本质的区别？从心态上来说一个是"有耐心"，一个是"不耐烦"，从实操上来讲一个是"有技巧"，一个是"没方法"。如果你说"哎呀，老师，我就是一个没耐心的人，工作中我就是雷厉风行、说一不二……"，那如果你不是一个养育者的角色，人们也许会认同你的性格特点和工作风范，但为人父母，耐心就是必不可少的基础选项了。

"注意力不集中"的另一大原因是学习困难，这里我们要区分两个概念，一个是学习上"有"困难，一个是学习上"怕"困难。能力因素和心理因素永远是并行前进的。一个孩子总是在课堂上听不懂、跟不上、学不会，就比较容易会催生出畏难的情绪，否定自己的心理，或是无所谓的态度，而这个年龄的孩子语言组织能力依然还是很有限的，在自己说不清楚心里想法的情况下，父母再一着急上火不耐烦，事情就会容易朝着更糟甚至不可控的一面发展。

心理学中有一个名词叫作"心理能量"，它同我们的骨骼能量、肌肉能量如出一辙，能量越高，承载力就越强，承载力越强，稳定性就越好。想一想我们自己在健身房做瑜伽或是练肌肉的场景，如果你的这位健身教练没有考量你的身体承受能力，总是让你超负荷地运动，无视你的反馈，同时还缺少语言上的认可与鼓励，这会不会让你对这位教练产生厌烦的情绪和恐惧的心理，你会一次次带着积极的心态去健身房吗？你一定会开始排斥，甚至最后再也不想健身了。因为"健身"这两个词和你肉体的疼痛感以及心理的烦躁感已经紧紧地连在了一起。

孩子的心理能量也是一样，老师将问题反馈给了我们，作为家长，你立刻就想着要怎么"训"孩子，脾气一来、脸色一摆、道理一讲，顺便再威胁恐吓两句，没有哪个孩子会不紧张、不害怕。如果孩子跟你辩驳或是大声哭诉，沉默或是低头流泪，打岔或是一脸无辜，你接下来的语言和行为是不是就要升级了？本来，在学校里、课堂上以及老师面前孩子已经受挫了、挨批了，放学后再面对家长的横眉冷语，心理能量别说增长，当时不降到负数就已经不错了。如果这样低迷、糟糕的心理能量，紧张、焦虑的心理活动持续发展一周、两周、一个月、两个月，甚至一个学期、两个学期，那接下来要出现的问题就早已不是"注意力集不集中"这么简单了。

第五章

心理资本：勤奋

一、动机激发，让勤奋品格持久发光

（一）"勤奋"的意义

勤奋的意思是：认认真真，努力干好一件事情，不怕吃苦，踏实工作。出自清平步青《霞外攟屑·掌故·林西厓方伯》："似此勤奋出力之员，岂可拘其家世，不加奖励。"

勤奋是懒惰的反义词，是成功的基础之一，是中华民族传统的美德。

文学家说勤奋是打开文学殿堂之门的一把钥匙；科学家说勤奋能使人聪明；而政治家说勤奋是实现理想的基石。

世界上最宝贵的除了良好的心理素质，还有一个东西，就是勤奋。

最宝贵的勤奋，不光是身体上的勤奋，还有精神上的勤奋，勤奋靠的是毅力，是永恒。学业的精深造诣来源于勤奋。

勤，就是要珍惜时间，勤学习、勤思考、勤探究、勤实践。

勤奋是成功的唯一途径。没有它，天才也不能成才。

（二）勤奋与懒惰

勤奋的反义词是懒惰，"懒惰"是最具侵袭力的。因为懒惰，一座小山，人们也不愿意翻越，因为懒惰，再小的困难人们也不愿意突破，人一旦背上懒惰这个包袱，就会丧失斗志，成为失败者。

懒惰者让人空虚绝望。劳动需要精力，它也让人充实而精神焕发，因而，一位智者说"劳动是治病的良药，懒惰者不愿意劳动，却总为自己找借口。"萨缪尔·罗米利先生在写给一个懒惰者的信中说道"我认为，时间不够这一类说法只是美丽的借口，没有人反对每个人都该把工作做好，只是懒惰者往往在做不好时，甚至不肯尝试的情况下，就推托说工作不适合他，如果很多人都这样想的话，后患无穷。"

不劳而获是懦夫的想法，只有付出汗水得来的东西，才会懂得珍惜，这是永恒的真理，纯粹的休息会让人空虚。

法国布林勒监狱有一个犯人，他在自己的右臂上刺了这样一句话："我被过去欺骗，被现在煎熬，被未来恐吓。"这句话说中了所有懒惰者的心。

勤奋是走向幸福的梯子，而在勤奋中也要井然有序、分辨轻重缓急，在条理中追求成效。从儿童至青少年，培养他们勤奋的重要环节是时间管理与整洁有序，否则常常出现杂乱无章的现象。建立这种品格会帮助他们争取更充裕的时间，分辨事情的优先次序，提高学习效率，并负责地完成他人交付的任务。正如花园必须有园丁，勤奋的园丁总能拥有美丽的花圃，而毫无作为的结果一定是荒草丛生。

（三）勤奋是指坚持不懈地、高频率地做自己认为有意义的事

我国数学家华罗庚曾说过："勤能补拙是良训，一分辛苦一

分才。"古今中外，许许多多有成就的人，他们都是因为勤奋，才从众人中脱颖而出，成为人们所佩服的人。我国数学家陈景润为了证明"哥德巴赫猜想"，日复一日，年复一年的沉浸在数学研究中，常常废寝忘食。法国作家福楼拜，他的窗口面对塞纳河，由于他经常勤奋钻研，通宵达旦，夜间航船的人们常把他房间亮着的灯当作航标灯。他的学生莫泊桑，从20岁开始写作，到30岁才写出第一篇短篇小说《羊脂球》，在他的房间里可以看到草稿纸已有书桌那么高了。还有很多伟人的事例不胜枚举。他们的人生经历都说明了一个道理：天才出于勤奋，成功来自勤奋！

有人说："聪明不学就等于笨蛋。"没有勤奋刻苦的学习，就会枉费人生，正像意大利画家达·芬奇说的："懒惰会毁灭人的才智"。

只有勤奋，才能塑造人才；只有勤奋，才能改变人生；只有勤奋，才能出类拔萃；只有勤奋，才能创造价值；只有勤奋，才能获得成功；只有勤奋，才能战胜困难。世上无难事，只怕有勤奋之心的人。

我们的祖国之所以繁荣起来，和人民群众的勤奋是分不开的。勤奋地学习科学文化知识，不断地创造创新，改变自己，才使中国一步步走向成功，成为响彻世界的东方巨龙！

（四）智慧·天才·勤奋

学习的敌人是自己的满足，要认真学习一点东西，必须从不自满开始。对自己"学而不厌"，对人家"诲人不倦"，我们应取

这种态度。　　　　　　　　　　　　　　——毛泽东

形成天才的决定因素应该是勤奋。　　　　——郭沫若

应知学问难，在乎点滴勤。　　　　　　　——陈毅

泥土和天才比，当然是不足齿数的，然而不是坚苦卓绝者，也怕不容易做；不过事在人为，比空等天赋的天才有把握。这一点，是泥土的伟大的地方，也是反有大希望的地方。——鲁迅

学习文学而懒于记诵是不成的，特别是诗。一个高中文科的学生，与其囫囵吞枣或走马观花地读十部诗集，不如仔仔细细地背诵三百首诗。　　　　　　　　　　　——朱自清

熟才能生巧。写过一遍，尽管不像样子，也会带来不少好处。不断地写作才会逐渐摸到文艺创作的底。字纸篓子是我的密友，常往它里面扔弃废稿，一定会有成功的那一天。——老舍

天分高的人如果懒惰成性，亦即不自努力以发展他的才能，则其成就也不会很大，有时反会不如天分比他低些的人。
　　　　　　　　　　　　　　　　　　　　——茅盾

勤能补拙是良训，一分辛劳一分才。　　　——华罗庚

培育能力的事必须继续不断地去做，又必须随时改善学习方法，提高学习效率，才会成功。　　　　　——叶圣陶

春蚕到死丝方尽，人至期颐亦不休。一息尚存须努力，留作青年好范畴。　　　　　　　　　　　　——吴玉章

少而好学，如日出之阳；壮而好学，如日中之光；老而好学，如炳烛之明。　　　　　　　　　　　——刘向

我是个拙笨的学艺者，没有充分的天才，全凭苦学。
　　　　　　　　　　　　　　　　　　　　——梅兰芳

十日画一水,五日画一石。　　　　　　　　——杜甫

骐骥一跃,不能十步;驽马十驾,功在不舍;锲而舍之,朽木不折;锲而不舍,金石可镂。　　　　　　——荀况

业精于勤而荒于嬉,行成于思而毁于随。　　——韩愈

要记住:历史上所有伟大的成就,都是由于战胜了看来是不可能的事情而取得的。　　　　　　　　——卓别林

懒惰像生锈一样,比操劳更能消耗身体;经常用的钥匙,总是亮闪闪的。　　　　　　　　　　　　——富兰克林

在天才和勤奋两者之间,我毫不迟疑地选择勤奋,它是几乎世界上一切成就的催产婆。　　　　　　——爱因斯坦

二、"勤奋"好品格故事汇

奔跑的鸭子

迈克是伦敦一家公司的一名低级职员,他的外号叫"奔跑的鸭子"。因为他总像一只笨拙的鸭子一样在办公室飞来飞去,即使是职位比迈克还低的人,都可以支使迈克去办事。

后来,迈克被调入了销售部。有一次,公司下达了一项任务:必须完成本年度五百万美元的销售额。

销售部经理认为这个目标是不可能实现的,私下里他开始怨

天尤人，并认为老板对他太苛刻，为了使公司降低年度销售指标，有意将与之相关的工作计划一拖再拖。

只有迈克一个人在拼命地工作，到离年终还有一个月的时候，迈克已经全部完成了他自己的销售任务。但是其他人没有迈克做得好，他们只完成了目标的50%。

经理主动提出了辞职，迈克被任命为新的销售部经理。"奔跑的鸭子"迈克在上任后忘我地工作。他的行为感动了其他人，在年底的最后一天，他们竟然完成了剩下的50%。

不久，该公司被另一家公司收购。当新公司的董事长第一天来上班时，他亲自点名任命迈克为这家公司的总经理。

因为在双方商谈收购的过程中，这位董事长多次光临公司，这位"奔跑"的迈克先生给他留下了深刻的印象。

"如果你能让自己跑起来，总有一天你会学会飞。"这是迈克传授给他的新下属的一句座右铭。

智慧之光：勤劳本身就是财富，就能像蜜蜂一样，采的花越多，酿的蜜也越多，你享受到的甜美也越多。

资源链接（一）

这里介绍一位韩国妈妈的做法，她叫全惠星，被誉为"韩国首席妈妈"，她将6个子女全部培养成哈佛大学和耶鲁大学的博士。毕业后，6个子女分别担任著名大学的教授、院士和美国白宫卫生部部长助理等要职。她在接受美国哥伦比亚电视台专题采访时，就提到她鼓励孩子们勤奋阅读的秘密：

在我们家，书桌并不是单纯的装饰家具，而是用于学习的特别家具……每天晚上刷完碗之后，我就坐在书桌前学习；哄着孩子们睡觉之后，我也会坐在书桌前继续学习。看到母亲努力学习的样子，孩子们自然而然将学习当作是生活的一部分。

父母只要让孩子们懂得学习并不是什么特别的事情，而是日常生活中的一部分，就等于是为孩子做了一切有关学习的事情了。如果父母能够自然地坐在书桌前，孩子也会跟书桌亲近起来的。比起说"你学习吧"，更有用的是说"我们学习吧"。

6个兄弟姐妹加上我们夫妻，每人一个书桌，这样就是8个了。但是我先生并没有满足于此，他在房东设计好的地下游乐室里摆上了一圈书桌，把房间布置成了一个图书馆。这下，我们家里的每个人都有两个书桌了。为了让孩子们的朋友来我家时也能够学习，就又多准备了两张。在不太大的家里，光书桌就有19个，再加上餐桌和茶几有时也充当了书桌的作用，算起来就更多了。

因此，无论在家里的哪个角落，都有学习的氛围……书桌多了，孩子们就自然地想到去学习。实际上，也确实起到了那样的效果。不用强求他们去学，孩子们的眼里只能看到书桌和正在学习的家人，他们就会觉得学习是我们家庭日常生活的一部分。

孩子们放学回来，首先会马上完成当天的作业，然后去地下图书室，做其他自己喜欢的功课，最后才出去玩。家里书桌比较多，因此，在孩子们学习的时候，如果有朋友来玩，就会坐在一旁的书桌上跟着一起写作业或者读书。附近邻居都说，到了我们家，孩子们就会开始学习，甚至有些父母会在每天下午的时候把不愿意学习的孩子们送到我们家里来呢。我们家里的地下图书馆，既是我们家孩子的图书馆，也成了附近孩子们下课后的图书馆。

最近，我还发现有些父母为了孩子，将房间装饰得很漂亮，但是房间里却看不到父母营造希望孩子们勤奋学习的心意。而在我们家，一个房间首先要布置的就是书桌……我并不是说让所有的父母都将书桌搬进房间。我只是想告诉大家，如果想要让孩子们勤奋学习，要做出怎样的实践以及这样实践需要什么样的精神。

——[韩]全惠星，邵娟译：
《有奉献精神的父母培养大人物》，
光明日报出版社，2009年版

资源链接（二）

有一项研究表明，父亲与母亲在亲子阅读中对孩子产生的影响是有差异的。父亲更倾向于运用抽象思维和逻辑思维，对阅读内容进行发散性解读；而母亲则更注重阅读中的细节描写、语言描写。那么，全家都来谈谈阅读吧，让大家彼此知晓想法。建议将定期召开"家庭读书会"列为一项固定的家庭活动。"家庭读书会"的基本规则由大家共同商定，大家可以就以下几个方面展开讨论：

第一条	读书会的目的
第二条	读书会召开的时间及时长
第三条	读书会的主持人如何产生
第四条	读书内容
第五条	读书会流程（例如：朗诵—谈感受—讨论—总结）
第六条	特殊情况说明

三、体验活动（学校版）

【活动一名称】孤岛求救。

【活动人数】5人为一组（可多组）。

【活动目标】帮助学生体验到勤奋是可以运用到不同的方面的，勤奋可以帮助我们提升能力，从而获得自信心。

【活动场地】空地或操场。

【活动用具】竹签、纸、细线、糨糊等自制风筝的用具。

第五章 心理资本：勤奋

【活动规则与流程】

1. 将学生分成若干个由 5～6 人组成的小组后，给各组分配任务。

2. 各组利用自己找到的材料制作一个风筝。

3. 要求 30 分钟之内完成任务，做好的风筝要能够飞起来。

【活动导语】 遭遇海难后，你们组漂流到一个荒凉的孤岛上，被困多天，每个人都渴望逃离孤岛。忽然，有人发现遥远的地平线上有一条小船，好像船上的人正在向这边看，但是他不可能看到你们被困在小岛上。你们没有火柴或其他能发信号的物件，因此，只能想方设法制造一个风筝，估计风筝 30 分钟内就能做好，通过放风筝才能让船上的人发现你们，船体残骸已经没剩下什么东西了，所以，你们必须找到制作风筝的所有材料，30 分钟之后让风筝飞上天。抓紧时间，祝你们好运！

	引导反思——整理活动经验与提升
A	哪个队在 30 分钟之内让风筝飞上了天
B	活动过程中你们遇到了什么问题？是如何解决的
C	活动中你们各自都充当了什么角色？你是行动派还是策划派
D	整个团队的运作是否高效
E	"勤奋"的展现形式多种多样，你会合理地调动、分配、运用你的勤奋吗

【活动二名称】 做还是不做？

【活动目标】 勤奋能带来自信，自信的人能准确地识别值得称赞的行为和这些行为的结果。通常只有在经历了激烈的心理斗争后，我们才会自信。这个游戏轻松愉快地向我们展示了当我们权衡自信的利弊时，我们会经历的内心活动过程。

【活动场地】室内。

【活动用具】三张提前写好的标语牌，一张写"一个亲切的普通人，有时会听到说话声"，一张写"做！"，第三张写"不做！"。标语牌要足够大，能让屋里的所有人都看见。

标语牌

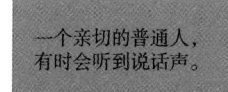

| 一个亲切的普通人，有时会听到说话声。 | 做！ | 不做！ |

【活动导语】"有人曾经和自己真正争吵过吗？"（请大家举手示意）你们真曾和自己打过架吗？（再举手示意一次，这时表情要有点焦虑）去检查一下吧。现在，你们中的一个人要和自己争执一番。这次，我们会听到他心里想说的话！因此，不说别的了……谁愿意当这个志愿者呢？

【活动规则与流程】

1. 请大家开动脑筋，为处事不够自信找一些理由或借口。例如："大家会对你发火""让步很快，也很容易""你以为自己是谁，无风不起浪"等，把这些理由写在题板纸或白板上。

2. 让大家想一想，为什么有人选择自信的行为？（例如："你事实上可能得到你想要的""你会得到更多的尊重""你会激励他人，当需要他们说的时候，他们能自如地表达，从而减少周围的敌意"。）

3. 让学生提出一种情况，在这种情况下，人们会发现很难充满自信。

4. 让三名志愿者并排坐在一起，面对其他人。中间的这个人将扮演一个能合情合理地决定是否具备自信的人。

5. 现在，把写有"做！"的标语牌交给右边的人，他将代表建议自信的声音。把写有"不做！"的标语牌交给左边的人，他将代表建议消极或挑衅行为的声音。

6. "做和不做"的游戏现在开始。用大家想出来的理由，不停地向中间的人的耳朵中灌输自己的论据，努力说服他选择自己一边。（注意：他们如果没有理由可说了，可以向其他人寻求帮助。）

7. 五分钟后，停止争辩，请中间的人做决定。为三名志愿者鼓掌，并请其他人回到座位上去。

	引导反思——整理活动经验与提升
A	你听到的争论与你自己的思维过程有多大程度的相似
B	哪个论据更具有理性，哪个论据更富有感情
C	富有感情的论据有的被装扮成具有理性的论据了吗
D	志愿者表达的最具说服力的论据是什么
E	对于自信，你有什么看法？对于恐惧呢？如果你是夹在中间的人，你会做同样的决定吗？为什么会或为什么不会
F	你将如何建立自信？怎样调整不自信带来的想法？你将使用什么资源来帮助自己

如何培养孩子的好品格

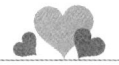

四、行动学习单

（一）你是一个勤奋的人吗（请就以下情况，用直觉反应并勾选答案）

1. 想玩游戏的时间多，还是想看书的时间多？
   □ 玩游戏　　□ 看书

2. 作业还没做完，但小伙伴叫你一起出去玩，你会：
   □ 即刻答应　　□ 果断回绝

3. 你上课认真听讲、做笔记吗？
   □ 是　　□ 否

4. 你会课前做预习、课后做复习吗？
   □ 会　　□ 不会

5. 明天就要期末考试，你今天会：
   □ 紧张复习　　□ 放松休息

6. 完成作业后你会再练字、阅读吗？
   □ 会　　□ 不会

7. 吃完饭后，你会洗自己的碗筷吗？
   □ 会　　□ 不会

8. 你平时会帮家人做些力所能及的家务事吗？

　　□ 会　　□ 不会

9. 你会整理自己的书桌、书包、房间吗？

　　□ 会　　□ 不会

10. 这次考试没考好，接下来你会：

　　□ 更加努力　　□ 毫不关心

（二）你愿意成为一个勤奋的人（勾选答案，并请分享）

□ 我会在约定的时间内玩游戏，时间到了立刻结束

□ 课后作业没完成时，小伙伴叫我去玩，我也会先认真完成作业

□ 我坚持上课认真听讲，认真做课堂笔记，没听懂的及时找同学或老师询问

□ 我会认真做到每天课前预习、课后复习，养成良好的学习习惯

□ 完成作业后我会做一些阅读、练字等这样的事情增加自己的本领

□ 如果这次考试成绩不理想，我会更加努力学习，提高自己的分数

□ 我会平时帮家人做些力所能及的家务，让爸爸妈妈或是爷爷奶奶不要过于劳累

□ 我会做到整理好自己的书桌、书包、房间

五、体验活动（家庭版）

【活动名称】信息有价值。

【活动时间】20分钟内。

【活动用具】准备若干5元、10元、20元的纸币，并随机分发到每一位参与者的手中。

【活动规则与流程】

1. 要求参与者拿出一张5元的纸币，拿在手里。

2. 让那些没有5元纸币的人，拿出一张10元或20元的纸币拿在手里。

3. 告诉每一个参与者，他们将有机会一起分享平时不会讲给别人听的有价值的信息，并获得报酬。

4. 告诉参与者，其他人可以确定信息是否有价值。

5. 给参与者以下指导。

①说出一条你认为其他人想知道的信息。

②如果其他人认为你的信息有价值，他要把手里的钱给你。如果他们认为你的信息没有价值（可能因为他已经知道），他会要求你再讲一个新的信息，你必须继续讲下去。

③一旦其他人认为你的信息有价值，他就要付给你报酬。

④由他讲故事。

【备注】

1. 对于小型小组而言，当大家互相告诉他人自己的信息时，第一个认为该信息有价值的人将支付报酬给讲述者，一旦大家用掉了自己的钱，他就可以不再为其他任何信息支付报酬。

2. 请每个人都说出这条信息自己认为有价值或没价值的理由。

六、21天学生品格养成日记

第一周							
"勤奋"好品格日记：业精于勤而荒于嬉							
具体行动	本周曾经实践的项目，请打√						我的心情点滴
	一	二	三	四	五	六	日	
在学校我认真听讲、认真做课堂笔记、课前做预习、课后做复习了吗								
放学回家除了完成学校作业，还做了其他练习吗（例如：练字、练乐器、读外语等）								
在家里帮助家人做些力所能及的事情了吗（例如：洗碗筷、倒垃圾、帮家人拎东西等）								

第二周

"勤奋"好品格日记：业精于勤而荒于嬉

具体行动	本周曾经实践的项目，请打√							我的心情点滴
	一	二	三	四	五	六	日	
在学校我认真听讲、认真做课堂笔记、课前做预习、课后做复习了吗								
放学回家除了完成学校作业，还做了其他练习吗（例如：练字、练乐器、读外语等）								
在家里帮助家人做些力所能及的事情了吗（例如：洗碗筷、倒垃圾、帮家人拎东西等）								

第三周

"勤奋"好品格日记：业精于勤而荒于嬉

具体行动	本周曾经实践的项目，请打√							我的心情点滴
	一	二	三	四	五	六	日	
在学校我认真听讲、认真做课堂笔记、课前做预习、课后做复习了吗								
放学回家除了完成学校作业，还做了其他练习吗（例如：练字、练乐器、读外语等）								
在家里帮助家人做些力所能及的事情了吗（例如：洗碗筷、倒垃圾、帮家人拎东西等）								

七、21天父母教子周记

第一周	本周曾经实践的项目，请打√
1. 我本周没有把不好的情绪带回家，我努力创造轻松快乐的家庭氛围	
2. 我本周经常专心陪伴孩子40分钟以上（倾听、玩耍、讲故事……）	
3. 我本周经常使用肯定、鼓励的语言和孩子平等沟通	
4. 我本周和孩子一起做过户外活动：运动、玩耍、散步等	
5. 我本周发现了孩子的优点，并及时给予肯定和夸奖	
6. 我本周有拥抱孩子，并说爸爸/妈妈爱你	
7. 我本周没有当着孩子面，对爱人（家人）发脾气	
8. 我本周对爱人（家人）说了爱、赞美等正能量的话	
9. 我本周有用心陪伴父母或给父母打电话问候	
10. 自我点评，我本周：	

如何培养孩子的好品格

第二周	本周曾经实践的项目，请打√
1. 我本周没有把不好的情绪带回家，我努力创造轻松快乐的家庭氛围	
2. 我本周经常专心陪伴孩子40分钟以上（倾听、玩耍、讲故事……）	
3. 我本周经常使用肯定、鼓励的语言和孩子平等沟通	
4. 我本周和孩子一起做过户外活动：运动、玩耍、散步等	
5. 我本周发现了孩子的优点，并及时给予肯定和夸奖	
6. 我本周有拥抱孩子，并说爸爸/妈妈爱你	
7. 我本周没有当着孩子面，对爱人（家人）发脾气	
8. 我本周对爱人（家人）说了爱、赞美等正能量的话	
9. 我本周有用心陪伴父母或给父母打电话问候	
10. 自我点评，我本周：	

第三周	本周曾实践的项目，请打√
1. 我本周没有把不好的情绪带回家，我努力创造轻松快乐的家庭氛围	
2. 我本周经常专心陪伴孩子40分钟以上（倾听、玩耍、讲故事……）	
3. 我本周经常使用肯定、鼓励的语言和孩子平等沟通	
4. 我本周和孩子一起做过户外活动：运动、玩耍、散步等	

续表

第三周	本周曾经实践的项目，请打√	
5. 我本周发现了孩子的优点，并及时给予肯定和夸奖		
6. 我本周有拥抱孩子，并说爸爸/妈妈爱你		
7. 我本周没有当着孩子面，对爱人（家人）发脾气		
8. 我本周对爱人（家人）说了爱、赞美等正能量的话		
9. 我本周有用心陪伴父母或给父母打电话问候		
10. 自我点评，我本周：		

八、拓展阅读：教子有方

孩子课堂上注意力不集中怎么办（二）

上一篇章我们提到了注意力的两大核心维度，其中一个核心维度是"指向性"，训练孩子在注意力当中的"指向性"能力，更多时候是考验父母给孩子的指令够不够清晰。有一次我的一个好朋友带着她的女儿来家里做客，吃饭的时候，刚好另一个朋友也来了，孩子开心地吃得嘴里满满当当的，我的这位朋友却跟孩子一遍一遍地说："跟阿姨打招呼啊，阿姨进来了怎么不说阿姨好呢？你这样是不是很没有礼貌啊……"然后，这个孩子就满嘴含着饭说:"阿……姨……好……"这位朋友又说了:"吃就好好吃,说就好好说,你这嘴里含含糊糊的,阿姨能听清吗?"只见这个孩子是吃也不是,说也不是。看,这就是混乱的指令带来的结果,一个小小的事情,让孩子既没办法集中注意力开心地吃饭,又没办法认认真真地和别人打招呼,还无缘无故地弄了一肚子委屈,完全没有必要地给孩子输入了一堆垃圾情绪。

出于职业本能,我当然不能"见死不救",我坐到孩子身旁说:"没关系,咱们先把这口饭吃完咽下去,再走到阿姨面前跟阿姨说'你好'好不好?"孩子哇的一声就哭出来了……眼下的情形在我的预期之内,而我的这位朋友却摆出一副要好好教育教育这个孩子的架势,我使了个眼色制止了她,然后,我便把孩子带到卧室里,拍拍孩子的背让他哭完。试想一下,如果一开始妈妈能留意到孩子嘴里都是饭,然后清晰地给出指令——先把这口饭吃完咽下去,再跟阿姨打招呼,后面这些事情也就都不会发生了。

我们常常错误地以为孩子的注意力问题是学习导致的,出了问题不是往学习能力上怪,就是往听不听话上推,要不就是你看谁谁谁……很难把眼光收回到生活中这些细节语言指令上对孩子的长期影响,最后,父母焦虑了,孩子烦躁了。那么,此时父母应该怎么办呢?这里跟大家说一个小口诀:"指令清晰,有一说一,管理情绪,引导鼓励。"

说完"指向性",我们再来详细说一说另一个注意力的核心维度——稳定性。我们上一堂课说到这个年龄的孩子,集中注意力的极限时长是20分钟,那有的家长就会疑惑或者持不同意见

第五章　心理资本：勤奋

了："孩子怎么玩游戏或者看 iPad 就能做到聚精会神至少一个小时呢？怎么听讲、看书写作业就最多只能 20 分钟呢？"这里我也要问大家两个问题：①身为成年人的我们，公司开 90 分钟的会，你能保持全神贯注多久？②刷手机视频或购物，90 分钟是不是一不留神就过去了？对了，就是因为这根本不是一个属性的事情，一个要高度集中、充分用脑，而另一个基本不用。所以，我们不要把这两个完全不同属性的事物放在同一个标准下衡量和比较。用脑的事情没有简单的，不用脑的事情都没难度，孩子在学习上注意力不能集中，反映的其实是孩子对于"困难"这两个字的认识和理解。

为什么有的家境一般的孩子看上去会更为努力，而吃喝穿戴样样不愁的孩子却成绩平平？原因在于家境一般的孩子在生活环境上总要频频面对困难，而从小就衣来伸手饭来张口，在好几位大人溺爱甚至是"伺候"下长大的孩子，生活中基本没有什么困难需要他来面对。平时在家中大人不要求，自己也不主动做点在他这个年龄看来是"困难"的事情或者家务的孩子，自然会在真正困难来临的时候选择退缩或者逃避，逐渐以一种玩世不恭的样子来掩盖内心的慌张。

有一个名词叫"逆商累积时间"，就是我们在生活碎片化的时间里，"被人有意识地对我"或是"我有意识地对自己"创造了多少次逆境，这里的逆境也就是上面提到的"困难"，没有困难就没有挑战，没有挑战就会逐渐失去挑战困难的勇气和信心，而一个孩子缺少了这份勇气和信心，就自然会把注意力集中在无须动脑的事情上。

现在，我们把目光收回到问题的本质上，回头看看你为孩子的"逆商"积累了多少时长。

在这里我们要为正在阅读这本书的你点一个大大的赞！因为此时的你，正在有意识地为自己创造"逆商累积时间"。今天父母的一点点努力，都是在推动孩子一步步上进。为自己点赞，为孩子加油！

第六章
心理资本：节制

一、动机激发,让节制品格持久发光

(一)欲望源于本能,节制始于本领

不节制与节制在生活中的具体体现就是"任性"与"约束",只有自己管制自己,在明智判断的指引下,才能运用内在的力量约束个人的欲望(例如:贪玩、晚睡、乱花钱等)。一个有自省能力的人一定是有节制的人,节制的人才更自知。

伟大的古希腊哲学家苏格拉底说过这样三句话。

第一句话:认识你自己,每个人最难的是真正地认识自己。

第二句话:不经过审视的生活是不值得过的。

第三句话:我知道自己的无知,因为知道自己无知的人才能变得真正的有知。

我们每个人都喜欢和品格好的人交往,在 21 世纪的今天,在媒体消费文化的攻势下,"舒服""享受""爽"俨然成为现代人的追求目标,从几岁孩童到青少年,我们常常听到"我不想看、我不想听、我不想学""我想要,我就要,我非要不可"等这样的话,这种任性的性情会大大阻碍我们发展自制的能力。

节制的反义词是"放纵",很多人不相信自己能更自律,或者不相信可借着自律来控制自己的生活、掌握自己的人生,因此无法享受自律带来的喜悦和成就，没有一个良好的自我形象、和谐的人际关系，甚至导致生活秩序混乱，深陷在无法自拔的暗淡光影中。

你的生活一旦被玩游戏、看电视、吃东西、零用钱这些欲望占据，冲昏头脑而失去控制，将会导致非常可怕且难以挽回的后果。唯有养成良好的节制习惯，形成你人生品格的资本，才会让你能够抵御这些诱惑，更加意志坚强地面对人生的种种挑战，获得更多、更好的成绩与成就。

良好的节制习惯可以通过品格教育的培养、体验和训练逐步养成。赫伯特·斯宾塞说："有理想的人努力追寻自制这一目标，教育的目的之一是使人在行动前通过自我控制，仔细地思考，而不是依靠个人喜好和无止尽的欲望来行动。"教育是从家庭开始的，经由学校最后过渡到社会，每一个阶段都是渐进式的环环相扣且缺一不可。假如一个人没有受到良好的家庭和学校培养，一旦进入社会，其缺陷的人格与不知自我约束的不当行为，将可能给家庭、社会带来不可预估的灾难。

（二）做一个懂节制、能节制、善节制的人

古往今来，那些懂得节制、能够节制、善于节制的人，都是真正明白事理的人，也是真正能够把握自己的人，更是真正聪明智慧的人。这样的人，明利害，知得失，有理性，不随俗，不论在什么样的场合，面对什么样的境况，都能保持定力，善于取舍，趋吉避凶，努力达到最好的结果。因此，这样的人，最容易高效利用人生，成就人生。

相反，那些不懂节制，不会节制，不能节制的人，不用说会败在他人的手里了，其实很多时候，都是轻而易举地败在了自己的手里。

由于没有节制，他们管不住自己，不该吃的吃了，不该喝的喝了，不该说的说了，不该干的干了，不该做的做了……因为有了太多的"不该"，结果种下了太多的"恶因"，最后就必然得到更多的"恶果"。"恶果"多了，人生就会变得很糟，就必遭挫折，甚至必败无疑。这样的人，到后来往往总是后悔莫及。

当然，一些人并不是不想节制，他们知道节制的重要性，但就是不能够节制。究其原因，还是自己的思想不够坚定、意志不够坚强、定力不足造成的。这样的人，最应该培养的，其实就是一个定力。

增强定力，就要深明大义，知晓利害，能够做出正确的选择；就要克服投机心理和从众心态，不被利诱，不惧压力，不慕虚荣，不向错误的东西妥协退让；就要敢于坚持真理，修正错误，坚持原则，坚持自己的主见，不向自己的惰性和其他坏习惯低头投降。只有这样，才能真正把握自己，把握人生，做一个懂得节制的人，做一个自尊、自爱、自强、自立的人，做一个积极向上的人。

懂节制、能节制的人，是最有力量的人。他的力量，来自理性的选择，来自自我的坚持，来自不屈不挠的努力。有了这种力量，人生就没有战胜不了的困难，就没有越不过去的障碍，就没有达不到的目的。因为他首先征服了自己，所以才能够得到自己的支持，并依靠自己的力量，征服外在的困难。

懂节制、能节制的人，是最容易成功的人。他的成功，首先是做人的成功。由于节制，他不会去做那些有害于自己的事情，所以，就会成为一个健康幸福的人；由于节制，他不会去损害他人、危害社会，所以就会成为一个广受欢迎、得到帮助的人；由于节制，对于经过理智选择的事情，他会坚持去做，不会半途而废，有头无尾，所以就最容易把事做成，走向成功。

（三）节制，是一种幸福

王阳明说："吾辈用功，只求日减，不求日增。减得一分人欲，便是复得一分天理，何等轻快洒脱，何等简易！"

人生的幸福，源于不断减少自己的欲望，物质无须太多，够用就好。英国女王伊丽莎白二世，坚持牙膏要挤到一点不剩。她也会每天深夜，亲自熄灭白金汉宫走廊和小厅堂的灯；香港首富李嘉诚，坐拥千亿资产，却热衷于买打折商品，西装、眼镜一用就是好多年，那块戴了二十多年的手表，也仅3000元。懂得满足，是一种莫大的幸福。

- 满足你的房子，无须太大，温馨就好。
- 满足你的车子，无须奢华，代步即可。
- 满足你的衣服，无须华贵，合身就好。

所有最好的，就是刚刚好。节制，是一种智慧，是一种自由，更是一种幸福。当一个人懂得了节制，人生的智慧、生命的自由、生活的幸福就会如约而至。

二、"节制"好品格故事汇

欲望是个大房子

有一群蜗牛住在一棵鲜嫩多汁的卷心菜上。它们驮着自己的房子,慢悠悠地爬来爬去。从一片叶子爬到另一片叶子,寻找最柔嫩的地方一点一点地啃。

有一天,一只小蜗牛对它的爸爸说:"等我长大了,我要拥有世界上最大的房子。""这个想法很愚蠢。"蜗牛爸爸说,"有些东西还是小一点的好。"这位爸爸是那棵卷心菜上最有智慧的蜗牛。它为小蜗牛讲了这样一个故事。

从前有一只小蜗牛,就像你一样,它对他爸爸说:"等我长大了,我要拥有世界上最大的房子。""有些东西还是小一点的好。"它爸爸回答说,"要让你的房子保持轻巧,才容易驮着走。"

可是那只小蜗牛不爱听,它躲在一片大卷心菜叶的阴影里,扭啊扭,撑啊撑,各种方法试了又试,终于发现了能让自己的房子长大的方法。

房子长啊长啊,卷心菜上的蜗牛们都说:"你的房子真是世界上最大的房子!"小蜗牛继续扭啊扭,撑啊撑,直到它的房子大得就像一个瓜。然后,它试着把尾巴快速地拧来拧去,又学会

第六章 心理资本：节制

了怎么让房子长出大大的尖角。它继续挤啊挤，钻啊钻，还拼命地许愿，终于能够给房子加上鲜艳的色彩和美丽的图案。

现在，它知道自己的房子是整个世界上最大的而且是最美丽的房子了。它很自豪，也很快乐。一群蝴蝶从它的房子上面飞过，"快看，"一只蝴蝶说，"一座大教堂！""不对，"另一只蝴蝶说"那是马戏团！"它们绝对想不到，眼前所看到的会是一只蜗牛的房子。

还有青蛙一家子，在去远处池塘的路上，忽然停了下来，心中充满了敬畏。"我的天哪！"它们后来对亲戚们说，"你们肯定从来没见过那样的奇景——一只普普通通的小蜗牛，竟然驮着一个像生日蛋糕一样的大房子！"

有一天，当蜗牛们吃光了那棵卷心菜上所有的叶子，只剩下几根疙疙瘩瘩的菜梗时，它们就要搬到另一颗卷心菜上去了。可是，天哪，那只小蜗牛根本没法挪动。它的房子实在是太重了。它只好留了下来，但没有东西可吃，慢慢地，它变得越来越弱，越来越小。那房子只剩下了空壳。而那空壳子后来也一点一点地碎了，垮了。直到最后，什么也没有剩下。

故事讲完了，小蜗牛差一点就要哭了。可是这时候它想起了自己的房子，"我会让它一直小小的。"它想，"等我长大了，我想去哪儿就去哪儿。"夏去秋来，冬去春来。小蜗牛从来也没有忘记爸爸给他讲的故事。当有人问它："你的房子怎么会这么小呢？"他就会说起这个故事——世界上最大的房子。

智慧之光：故事中的"大房子"，就如同我们内心中蠢蠢欲动的欲望一般，相比于学习，我们总是更想更喜欢看电视、玩游戏、吃零食等，因为它更简单、更有趣，可如果我们不去节制自己的欲望，还任由它肆无忌惮地发展，那么很快，我们将失去对学习的兴趣和热情，看似自由自在、很逍遥，想干什么就干什么，实则却是最蠢的做法。在本该刻苦学习的年纪却贪图享乐，那么，当日后别人通过自己不断的努力创造出幸福生活的时候，你必将整日苦不堪言地接受无法节制自己的欲望而导致懒惰的惩罚。

资源链接

数说小学生社交

中国青少年宫协会儿童媒介素养教育研究中心曾对全国18个主要城市的3万多名"00后"儿童和父母，就当下深受互联网影响的儿童"数字化成长"问题展开调查。调查显示，在幼儿园时期，"00后"儿童就具有较高的媒介接触率，三大媒介（手机、平板电脑、电脑）的接触率已超过80%，分别达到91.8%、83.4%和80.6%，其中44.1%的幼儿园孩子开始玩网游。

在小学时期，儿童初步发展到和成人使用行为差不多的"用户"阶段。近半数的中年级小学生拥有自己的QQ，近半数儿童拥有社交媒体账号，并且开始玩大型游戏，35.8%的儿童在网上发表内容，23.1%的儿童拥有网友，更有8.3%的儿童有陌生网友。

调研发现，当今儿童在线遭遇三方面风险：①不安全：包括个人隐私、网络交友、网络欺凌和诈骗等；②不健康：不良信息、影响学习和视力等；③不文明：网络对骂、网络传谣等。

面对以上社交安全问题，父母要注意引导孩子正确地使用电子产品，例如，父母严格限制孩子使用电子产品的时间和次数，每天最多玩两三次，每次最长 15 分钟。另外，父母最好陪着孩子一起玩电子产品，通过监督会帮助孩子形成自律，并且有利于增进亲子关系。此外，父母还要多关心孩子，陪伴孩子，多带孩子参加一些体验活动，多做运动，转移他们对电子产品的注意力。而且，父母很有必要给孩子讲解长时间沉迷于电子产品所带来的危害，使其获得理性的认识。

三、体验活动（学校版）

【活动名称】星际之门。

【活动目标】帮助学生在团队任务中体验节制的重要性，并愿意积极培养节制的品格。

【活动场地】不限。

【活动用具】呼啦圈 1 个。

【活动导语】我们是一群经过严格训练的星际探险队员，经过千辛万苦，终于要穿越宇宙中的"星际之门"，到达这次旅程的目的地。但是，经过探测发现，这个入口周围含有高剂量的辐射物，因此，在穿越的过程中，绝对不能碰到"星际之门"（呼啦圈），否则，我们的任务将前功尽弃，个人也会受到极大的身体伤害。

【活动规则与流程】

1. 从组员中选两人在左右两边握住呼啦圈，并将呼啦圈立起来固定在地面上。

2. 初阶任务：其他组员牵手站成一排，所有人必须在手拉手的情况下，依次穿过呼啦圈，若有人碰到呼啦圈则全体必须重来一次（过程中可以交谈、相互协助）。

3. 进阶任务：完成初阶段活动后，规定所有人噤声，并且两两间隔（或选部分人）蒙上眼睛，所有人必须在手拉手的情况下，依次穿过呼啦圈。若有人碰到呼啦圈则算失败一次（累积次数即可，不一定全部重来），过程中所有人不可以交谈，但握住星际之门的两位伙伴，可以用手轻拍蒙眼者，提醒他避免误触呼啦圈。

	引导反思——整理活动经验与提升
A	在通过"星际之门"的挑战中，大家有哪些成功的心情？例如：快乐、惊讶等
B	不同阶段的任务与角色有什么感受或困难？例如：不蒙眼与蒙眼时的感受；犯规的状况、原因、感受；握呼啦圈的人看别人通过时的感受等
C	如果手臂平举代表0，手臂垂直向上代表100，请问在刚才的活动中，你个人穿越"星际之门"时，对自己身体的"自我节制"或"自我约束"程度有多少（请用手臂作答）为什么

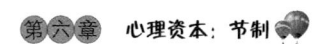

续表

	引导反思——整理活动经验与提升
D	类似穿越星际之门的情况，日常生活中哪些事情是我们常常会遇到，但却必须学习"自我节制"的，否则，放纵之后将导致不良的结果？例如：吃零食、上网、看电视等
E	蒙眼者必须通过他人的提醒与协助，否则绝对无法完成任务。同样，面对生活中的诱惑，我们在学习节制方面需要怎样的努力或外在的帮助，才能避免放纵产生的后果

四、行动学习单

（一）我节制吗

我对下列行为的节制程度：

推论过程	可以节制	视情况节制	不能节制
1. 考试作弊			
2. 每天上网或看电视、打游戏超过3小时			
3. 大量购买名牌衣服			
4. 说脏话			
5. 常常晚睡，不早起			
6. 吃大量零食			
7. 乱花零用钱			

（二）节制检查表

1. 下列项目常因为缺乏节制所造成，你有哪些习惯或行为？请在这些事情上打√。

　　_____不能定时运动

　　_____浪费时间

　　_____饮食过量

　　_____经常迟到

　　_____拖延事情

　　_____坏脾气

　　_____沉溺于游戏

　　_____房间或桌面凌乱

　　_____不能准时起床

　　_____不能按时完成作业

　　_____常被负面情绪控制（生气、发怒、哭泣……）

　　_____上网时间过长

　　_____和同学聊天时间过长

　　_____看电视时间过长

　　_____玩手机时间过多

2. 如果打√的这些事经常过度或成瘾，可能会带来什么后果？

_____

（三）我愿意学习节制（可多选，并请分享）

在节制的品格上，我需要学习的是：

☐ 不说脏话

☐ 不随便浪费金钱

☐ 对自己喜欢的事有节制（例如：上网、聊天、打游戏）

☐ 不浪费资源（例如：自来水、电、纸张、文具等）

☐ 锻炼身体

☐ 控制饮食

☐ 控制自己突发的情绪

☐ 做好时间管理

五、体验活动（家庭版）

【活动名称】自我测验。

【活动时长】10分钟。

【材料准备】问题卡。

【场地要求】室内。

【活动目标】通过自我认知，提高节制力。

【活动规则与流程】下面有10道题目，每道题都有几个备选答案。请根据自己的实际情况，选出相应的选项，每题只能选一个答案。注意这是测验你的实际想法和做法，而不是问你哪个答案最正确。因此，请不要猜测"正确"的答案，以免测试失真。

1. 每人一张答题卡，针对下面的问题作出选择。

①与别人发生意见分歧时，你会：

• 立即作出结论付诸行动

• 冷静地从多方面进行考虑

②对老师、长者的意见，你会：

• 原封不动地接受

• 有些疑问和想法

• 同自己原先的想法结合起来

③你买食物回来后：

• 总是直接独自食用

• 常稍做等待询问其他家人后再食用

④学习有困难时，你会：

• 放弃初衷

• 请教别人

• 冥思苦想

⑤平时你喜欢：

• 打扑克、下象棋、下围棋

• 看侦探小说、惊险影片

• 看滑稽有趣的闹剧，同别人聊天

⑥休息日去公园你喜欢：

• 去固定去的公园

- 经常变换公园
- 听听家人的意见

⑦你对智力游戏:

- 无所谓
- 不喜欢
- 很喜欢

⑧针对眼前的某件东西(例如:水杯),你能想出它的几个新用途?

- 三个以上
- 八个以上
- 十五个以上

⑨刷牙时发现牙出血,你会:

- 怨牙刷不好
- 担心牙周炎
- 设法使牙不出血

⑩当有人向你提出没有用的建议时,你会:

- 置之不理
- 看看是否确实有可取之处
- 问他还有没有别的建议,鼓励他多提

2. 做完后,大家一起讨论:

①哪些问题你答得很有把握,哪些不是很有把握?

②这些测试对你有什么帮助?

总结活动经验	
A	这些问题都是通过长时间的观察和研究总结出来的,具有一定的代表性
B	做这些题目时,你无须想得太多,凭借直觉回答就可以,因为它考察的是你的潜意识的反应,也就更具真实性
C	当然它只是一个游戏,你应该注重过程而不是得出的结果
D	结果是可以改变的,重要的是在做题的过程中能对自己有较客观的审视,这样得出的评价也才是客观的

六、21天学生品格养成日记

第一周							
"节制"好品格日记: 在明智判断的引导下,运用内在力量约束个人的欲望							
具体行动	本周曾经实践的项目,请打√						我的心情点滴
	一	二	三	四	五	六	日	
我不说脏话								
我不浪费金钱								

续表

第一周								
"节制"好品格日记： 在明智判断的引导下，运用内在力量约束个人的欲望								
具体行动	本周曾经实践的项目，请打√							我的心情点滴
	一	二	三	四	五	六	日	
在喜欢的事情上有节制 （例如：上网聊天、打游戏、看电视、吃零食）								
在学习上做好时间管理 （如果自己做不好，可以请老师或父母协助）								

第二周								
"节制"好品格日记： 在明智判断的引导下，运用内在力量约束个人的欲望								
具体行动	本周曾经实践的项目，请打√							我的心情点滴
	一	二	三	四	五	六	日	
我不说脏话								
我不浪费金钱								
在喜欢的事情上有节制 （例如：上网聊天、打游戏、看电视、吃零食）								
在学习上做好时间管理 （如果自己做不好，可以请老师或父母协助）								

第三周								
"节制"好品格日记： 在明智判断的引导下，运用内在力量约束个人的欲望								
具体行动	本周曾经实践的项目，请打√							我的心情点滴
	一	二	三	四	五	六	日	
我不说脏话								
我不浪费金钱								
在喜欢的事情上有节制（例如：上网聊天、打游戏、看电视、吃零食）								
在学习上做好时间管理（如果自己做不好，可以请老师或父母协助）								

七、21天父母教子周记

第一周	本周曾经实践的项目，请打√	
1.我本周没有把不好的情绪带回家，我努力创造轻松快乐的家庭氛围		
2.我本周经常专心陪伴孩子40分钟以上（倾听、玩耍、讲故事……）		
3.我本周经常使用肯定、鼓励的语言和孩子平等沟通		

续表

第一周	本周曾经实践的项目，请打√	
4. 我本周和孩子一起做过户外活动：运动、玩耍、散步等		
5. 我本周发现了孩子的优点，并及时给予肯定和夸奖		
6. 我本周有拥抱孩子，并说爸爸/妈妈爱你		
7. 我本周没有当着孩子面，对爱人（家人）发脾气		
8. 我本周对爱人（家人）说了爱、赞美等正能量的话		
9. 我本周有用心陪伴父母或给父母打电话问候		
10. 自我点评，我本周：		

第二周	本周曾经实践的项目，请打√	
1. 我本周没有把不好的情绪带回家，我努力创造轻松快乐的家庭氛围		
2. 我本周经常专心陪伴孩子40分钟以上（倾听、玩耍、讲故事……）		
3. 我本周经常使用肯定、鼓励的语言和孩子平等沟通		
4. 我本周和孩子一起做过户外活动：运动、玩耍、散步等		
5. 我本周发现了孩子的优点，并及时给予肯定和夸奖		
6. 我本周有拥抱孩子，并说爸爸/妈妈爱你		
7. 我本周没有当着孩子面，对爱人（家人）发脾气		
8. 我本周对爱人（家人）说了爱、赞美等正能量的话		
9. 我本周有用心陪伴父母或给父母打电话问候		
10. 自我点评，我本周：		

第三周	本周曾经实践的项目，请打√
1. 我本周没有把不好的情绪带回家，我努力创造轻松快乐的家庭氛围	
2. 我本周经常专心陪伴孩子40分钟以上（倾听、玩耍、讲故事……）	
3. 我本周经常使用肯定、鼓励的语言和孩子平等沟通	
4. 我本周和孩子一起做过户外活动：运动、玩耍、散步等	
5. 我本周发现了孩子的优点，并及时给予肯定和夸奖	
6. 我本周有拥抱孩子，并说爸爸/妈妈爱你	
7. 我本周没有当着孩子面，对爱人（家人）发脾气	
8. 我本周对爱人（家人）说了爱、赞美等正能量的话	
9. 我本周有用心陪伴父母或给父母打电话问候	
10. 自我点评，我本周：	

八、扩展阅读：教子有方

孩子课堂上注意力不集中怎么办（三）

注意力对于孩子的学习而言，确实有着非常重要的影响，也是我们在前面提到的——注意力非但不是每个人与生俱来的本领，同时，还非常容易受到各种因素的干扰，父母的养育方式和交流的引导形式，对培养孩子的注意力可以说起到了决定性的作用。我们在第二堂课当中，对这些内容也做了详细的分析与阐述。再来详细地说一说，我们究竟该如何通过后天的培养，也就是加以训练的方式，来逐步提高孩子的注意力。

有一种方式非常简单而且高效，不仅能让孩子的注意力集中，还能让孩子口齿伶俐、思路清晰、词汇丰富、敢于表达，这个方法就是大声朗读文章，时间不用很长，周一到周五，在家每天5～10分钟，在家长的陪伴下完成就可以了。有的家长可能会疑惑了："孩子大声朗读文章和培养注意力有什么关系呢？"那我们就一起来看一看这个简单的方法究竟有什么高效的奥秘。

我们以一篇3500字的小学生优选作文为例，这个年龄段的孩子通篇认真朗读完，大致需要5分钟左右的时间，起初父母先不去纠结孩子的朗读技巧，也就是说在这个时间段内，孩子的眼睛是始终跟着文字的，还记得前面我们提到的注意力两大核心维度的其中一个，也就是"指向性"吗？这时候文章中的每一个字，都在起着"指向性"的作用，再通过大声读出来的方式，让这个"指向性"持续产生作用，眼、口以及喉部发声的统一，都必须通过大脑来不断协调支配。日复一日地训练下来，你能明显地看到孩子在这方面能力的进步，这个"进步"，就是孩子大脑在特定时间段内，不断运转而开发出来的结果。我们说注意力不集中指的是什么？就是眼睛明明看在那个地方，可脑袋却早跑到了九霄云外。想想我们在上学的时候，看到书本中的文字或是试卷中的题目，我们会本能地小声或是不发声只开口地先读一遍。为什么会有这种本能行为呢？没错，就是为了要最大限度地聚焦，不集中，

如何培养孩子的好品格

就是不聚焦，不容易聚焦，就说明没有聚焦的习惯，眼、口、喉的协调统一度越高，大脑的聚焦能力就越强，同时也意味着稳定性会越来越好。注意力集中的表现，就是在特定时间段内持续聚焦的能力。还可以配合这项训练做一个朗读打卡的奖励机制表格，记录下这份成长的轨迹，也给孩子创造一个上进的动力。

还有一种训练方法是多米诺骨牌游戏，可以在周六日休息的时候和孩子一起进行。与大声朗读文章不同的是，多米诺骨牌是通过游戏的方式来增强孩子的注意力。一开始不必让孩子马上就参与，因为起初孩子可能还感受不到这个游戏有什么好玩之处，你可以当着孩子的面，自己先按图摆上一些然后推倒演示几次，在一旁的孩子基本都会被骨牌五颜六色的造型和推倒骨牌的声音所吸引，当孩子参与进来后，父母也不必当即就让孩子一定要按照骨牌规定的样式摆放，孩子玩着玩着自己自然就会了，父母在一旁鼓励和陪伴就好。千万不要在一旁没完没了地说孩子"你弄错啦！""不是这样摆的！""你这孩子怎么这样啊！"等这些不耐烦和评价孩子好坏对错的话，既然是游戏，就是在玩中学，"玩"字在先，"学"字在后，没有人喜欢一边有兴趣地玩，还一边被人指指点点、批评数落的。多米诺骨牌游戏对孩子的各个生理机能都有非常好的辅助开发作用，耐心一点多试几次，错了再来，无关紧要。

现在生活节奏快，工作压力大，我们在陪伴孩子成长时都难免会有不耐烦和焦躁的情绪，确实会习惯性地放大孩子的问题，怎奈我们在孩子面前的角色是父母，而在孩子的心中，始终都期盼着父母能温柔耐心地待他，尽量微笑，多多陪伴，因为孩子成长的时光短暂而可贵！

第七章

心理资本：忍耐

一、动机激发，让忍耐品格持久发光

（一）为什么需要忍耐

我们置身于一个缺乏耐心的时代，现代人常期待一夜之间便能获得成功，如果期望没有立即实现，便可能放弃一切。然而，放弃比忍耐容易千百倍——出去玩，比留在家中读书容易；上网玩游戏，比背英文单词容易；与父母争吵夺门而出，比留下来耐心沟通解决问题容易。因此，真正的忍耐，不是忧愁地等待结局，而是心中充满坚定的希望，在努力中等候黎明，迎接胜利的曙光。

（二）忍耐，是一种能力，也是一种智慧

假如你是一株弱小的花卉，想要绽放你的美丽，你就要忍受寂寞的成长；假如你是一列钻进隧道的火车，想要沐浴温暖的阳光，你就要忍受冰冷的黑暗，忍过黑夜，天就亮了；忍过寒冬，春天就到了。

忍耐是智慧的象征，也是修养的表现。遇到大事不着急，遇到急事能冷静，心胸开阔，大事小事处理得妥妥当当。有人说"冲动是魔鬼"，一个能忍耐的人，往往是成功的人。

但凡成功者，都需要忍耐多次的失败，而不在一次次失败的打击中倒下，需要多么强大的内心和智慧，如果不忍耐，放弃了，以前所做的事情便会前功尽弃了。

当然，忍耐也是有限度的，不可能无休止地一直忍耐下去，忍耐过度就是软弱的表现。一个善良的人，忍耐心是既强大又张弛有度的。

孔夫子说过："小不忍则乱大谋。"不论我们做什么事情和遇到什么困难时，都要学会忍耐。它是我们处理事情的法宝，是我们成功的基石。

（三）忍耐，不意味着要忍气吞声甘于受委屈

忍耐，是一股韧劲，是在鞭策自己，磨炼自己的意志；忍耐，是一双缔造温暖和睦的手，化解了双方彼此之间的矛盾，开拓了人与人之间更开阔美好的前景；忍耐，更是一首高亢的进行曲，无时无刻不在进行着对胜利的渴求。学会忍耐，懂得忍耐，有时就是对自己命运的一种改变，创造出自己夺目光彩的人生。

可曾记得"负荆请罪"的故事？故事中的廉颇，无疑是个不懂得忍让之人。而蔺相如面对挑衅，并没有与廉颇唇枪舌剑，他懂得"以退为进"的道理。在他眼中，此时忍让，反而会换来廉颇的体贴与谅解。他做到了，"忍耐"让他换来的是臣子之间的和睦，更换来了他谦让不相争的美名。

二、"忍耐"好品格故事汇

破蛹

有一天,一个小男孩找到一条正要化蛹的毛毛虫,他将毛毛虫连着枝叶捧回家,期待着它成为彩蝶。过了些日子,蛹上有了动静,男孩热切地注意着小小的破口,每当幼蝶试图从那洞中挤出来时,他就在旁边也一起抓住自己的拳头用力加油,希望可以帮上点忙。终于,男孩忍不住了,他抓起一把剪刀,小心地将蛹剪开了。"啊!好险!幸好没有剪到蝴蝶。"然而,他万万没想到,他放出来的蝴蝶并没有在空中婆娑起舞,事实上,它根本不能飞!

因为当幼蝶在蛹中不断挣扎时,所费的力气迫使许多体液流入翅膀,以致出蛹时,翅膀得以完全张开,强健有力地撑持全身的重量,成为美丽的飞行工具。男孩的好心,看来似乎将幼蝶眼前的困难挪去了,却不料反而造成了这只"不能飞的蝴蝶"终生的遗憾。男孩不明白自己所做的,正是扼杀了这只毛毛虫蜕变为一只真正蝴蝶的机会。

智慧之光:当我们面对困境、遭受磨难时,很多人或许也捏紧着拳头,希望能在我们挣扎的时候拉我们一把!但感谢他们,终究没有帮我们把蛹剪开,没有剥夺任何一个让我们成长的机会。

资源链接

"忍耐"是高情商的表现之一,关于情商有以下几个误区:

误区1:情商就是永远保持良好的情绪

情商的内涵并不是要求人们永远保持良好的情绪,而是意味着要切实、坦率、真诚地面对我们的情绪,但要做到这一点是需要勇气的,因为回避问题通常比面对问题更容易。而且,我们在与人打交道的时候,也要做到切实、坦率、真诚。尽管我们应该设身处地考虑他人的感受,但如果他人存在负面或有害的行为,而我们只是为了照顾他人感受而视若无睹或置若罔闻的话,那么,这对他人只是有害无益。如果我们真的关心一个人,就必须有一说一、直率坦诚地将其不足之处指出来,即便这种做法会令他人一时不悦或者自己一时不被理解也在所不惜。真正的朋友最终会理解我们的良苦用心而感激我们的。

误区2:情商意味着让情绪放任自流

正如戈尔曼所指出的那样,情商并不意味着毫无保留地宣泄情绪,即让情绪放任自流,而是意味着要学会情绪管理,使其得到合适、有效的宣泄,使人们为了共同的目标而顺利合作。在宣泄强烈的情绪时,要选对时间和地点。比如,在班会上就不适宜宣泄对同学的愤怒,在班会结束后,等我们平静下来,仔细想好说什么、怎么说,找个私下场合与同学或老师谈谈就比较合适了。

> **误区3：情商是出生时就固定下来的**
>
> 情商是可以改变的，这一点是最令人激动的，它让人们充满了希望。换言之，与智商不同的是，情商不是与生俱来而无法改变的，也不是仅仅在某一个成长阶段就完全形成的。有证据表明，生活经历可以锻炼我们的情商，而且在成长过程中，我们可以继续培养学习能力和适应能力。随着我们成功地跨越不同的人生阶段，我们的情商也会得到相应的提高。
>
> ——资料来源：[加]哈维·得奇道夫（Harvey Deutschendorf）：《情商课》.蒋宗强，译.中国商业出版社，2012年版）

三、体验活动（学校版）

【活动名称】蒙眼跑步。

【活动人数】10～12人为一组。

【活动目标】体验在奔向目标的过程中，信心对于忍耐的重要性。忍耐到底终将成功。

【活动规则与流程】

1. 所有成员彼此手勾手拉成一直线，请一位队员到距离排面约15步的地方，面朝大家戴上眼罩。

2. 引导员请跑步者大声说"确保口诀"："我是×××，我要开始跑了，你们愿意确保我的安全吗？"对面的成员要大喊"愿意！"

3. 接下来引导员请跑步者原地自转两圈，并调整跑步者的方向，当引导员喊"一、二、三，跑"后，跑步者必须用小跑的方式跑向人墙。所有成员必须手勾手，随跑步者的方向横向移动，以确保接住跑步者。

4. 为确保安全，跑步者只能往前跑，不能任意倒退或绕圈，而所有成员拉手所成的"人墙"也要在原地横向移动，不能因戏谑跑步者而往后退或前进。

5. 为避免接人时因冲撞而受伤，跑步者的速度不能太快。其他成员接人的时候，必须弯下腰来用手抱在跑步者的腰间（以同性为宜），避免头部或肩膀撞击受伤。

6. 每一个人依次当跑步者再回到人墙中，所有人皆经历蒙眼跑步的过程。

【注意事项】

1. 以宽阔的场地环境为宜，注意石块和地面是否平整。

2. 引导员请一位成员示范，说明上述规则的细节，以加深成员的安全认知。

3. 引导员不能在无他人指挥之下自己蒙眼跑步示范。

4. 引导员分享时，应着重分享不放弃的内心经历，而非放弃或犹豫的感觉。

	引导反思——整理活动经验与提升
A	在跑步的过程中，你最担心、紧张、无助、想放弃的是哪一段？为什么
B	虽然知道前面有人会保护你，为什么蒙眼跑步时还是会有怀疑不安的心情
C	回想过去的经验，在什么情况下，会像这个活动，让你有失去耐心、想放弃的念头
D	你是否曾有用信心突破困难的经验？简短地分享这段经历
E	在目前生活中，有哪些事情是你最需要学习忍耐的

四、行动学习单

我的忍耐指数

1. 假如明天是英语考试，你却因感冒，身体有点不舒服，不太能专心读书，你会如何面对？（可多选，并请分享）

□ 想想哪一种作弊的方法比较安全

□ 先短暂休息一下，再振作精神尽力复习功课

□ 去看医生，并且假装病得很重，请医生开一张诊断证明，作为申请补考的证据

□ 其他做法，例如：＿＿＿＿＿＿＿＿＿＿＿＿＿＿

2. 当你感到压力想要放弃时，你会：(可多选，并请分享)

☐ 认为"失败"是不可避免的事

☐ 找一个好借口，避免别人可能对我的责备

☐ 怪罪别人，或是怪罪发生的事情

☐ 鼓励自己继续坚持下去，或许会有转机

☐ 寻求他人的帮助，请他们提供解决问题的建议

3. 在什么时候或情况中，你容易变成一个没有耐性的人？

_____

4. 在学习忍耐的品格上，我愿意(可多选，并请分享)

☐ 学习控制自己的情绪，不轻易发怒

☐ 为了完成目标，付上代价，坚持到底

☐ 面对枯燥、单调的环境，若是自己应尽的义务，学习忍耐

☐ 忍受痛苦与挫折，在其中学习成长

五、体验活动（家庭版）

【活动一名称】 亲子游戏——盲行。

【活动目标】 通过这样的活动让孩子成为主导者，并感受非语言环境下的亲子沟通和交流。

【活动规则】 父母一方参加活动，参加活动的家长用布遮住眼睛，让孩子不用语言引导家长从一个房间走到另一个房间拿取

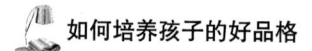

某样物品。

活动过程中不能出现语言交流，感受孩子的带领，相信孩子的引导。（如果家里环境比较小，可以改为上下楼梯，或者在家附近的公园开展活动。）

【活动二名称】亲子讨论：问一问、说一说、想一想。

请孩子一起聊聊以下几个问题，重点是了解孩子的想法，不要把家长的意见强行灌输给孩子。

1. 如果孩子考试成绩不理想怎么办？

请父母说一说孩子考试不理想时的心情，让孩子说一说希望父母如何和自己沟通。

2. 当你遇到校园欺凌的时候怎么办？

请父母说一说孩子当时可能的想法和心情，让孩子说一说自己需要什么帮助。

3. 周末（假日）怎么过？

请父母和孩子一起探讨一下周末（假日）的度过方式，孩子理想的假日度过方式。

4. 我想成为……

让孩子说一说自己想成为什么样的人（科学家、医生等），为了实现这个梦想应该怎么做？父母也可以说说自己儿时的梦想和现在的差异。

六、21天学生品格养成日记

第一周								
"忍耐"好品格日记：忍受难以掌握的困境，全力以赴								
具体行动	本周曾经实践的项目，请打√							我的心情点滴
	一	二	三	四	五	六	日	
学习控制自己的情绪，不轻易发怒								
面对枯燥、单调的环境，我仍学习忍耐								
为了完成目标，坚持到底，决不放弃								

第二周								
"忍耐"好品格日记：忍受难以掌握的困境，全力以赴								
具体行动	本周曾经实践的项目，请打√							我的心情点滴
	一	二	三	四	五	六	日	
学习控制自己的情绪，不轻易发怒								

续表

第二周							
"忍耐"好品格日记：忍受难以掌握的困境，全力以赴							
具体行动	本周曾经实践的项目，请打√							我的心情点滴
	一	二	三	四	五	六	日	
面对枯燥、单调的环境，我仍学习忍耐								
为了完成目标，坚持到底，决不放弃								

第三周							
"忍耐"好品格日记：忍受难以掌握的困境，全力以赴							
具体行动	本周曾经实践的项目，请打√							我的心情点滴
	一	二	三	四	五	六	日	
学习控制自己的情绪，不轻易发怒								
面对枯燥、单调的环境，我仍学习忍耐								
为了完成目标，坚持到底，决不放弃								

七、21 天父母教子周记

第一周	本周曾经实践的项目，请打√	
1. 我本周没有把不好的情绪带回家，我努力创造轻松快乐的家庭氛围		
2. 我本周经常专心陪伴孩子 40 分钟以上（倾听、玩耍、讲故事……）		
3. 我本周经常使用肯定、鼓励的语言和孩子平等沟通		
4. 我本周和孩子一起做过户外活动：运动、玩耍、散步等		
5. 我本周发现了孩子的优点，并及时给予肯定和夸奖		
6. 我本周有拥抱孩子，并说爸爸/妈妈爱你		
7. 我本周没有当着孩子面，对爱人（家人）发脾气		
8. 我本周对爱人（家人）说了爱、赞美等正能量的话		
9. 我本周有用心陪伴父母或给父母打电话问候		
10. 自我点评，我本周：		

第二周	本周曾经实践的项目，请打√	
1. 我本周没有把不好的情绪带回家，我努力创造轻松快乐的家庭氛围		
2. 我本周经常专心陪伴孩子 40 分钟以上（倾听、玩耍、讲故事……）		
3. 我本周经常使用肯定、鼓励的语言和孩子平等沟通		

续表

第二周	本周曾经实践的项目，请打√	
4. 我本周和孩子一起做过户外活动：运动、玩耍、散步等		
5. 我本周发现了孩子的优点，并及时给予肯定和夸奖		
6. 我本周有拥抱孩子，并说爸爸/妈妈爱你		
7. 我本周没有当着孩子面，对爱人（家人）发脾气		
8. 我本周对爱人（家人）说了爱、赞美等正能量的话		
9. 我本周有用心陪伴父母或给父母打电话问候		
10. 自我点评，我本周：		

第三周	本周曾经实践的项目，请打√	
1. 我本周没有把不好的情绪带回家，我努力创造轻松快乐的家庭氛围		
2. 我本周经常专心陪伴孩子40分钟以上（倾听、玩耍、讲故事……）		
3. 我本周经常使用肯定、鼓励的语言和孩子平等沟通		
4. 我本周和孩子一起做过户外活动：运动、玩耍、散步等		
5. 我本周发现了孩子的优点，并及时给予肯定和夸奖		
6. 我本周有拥抱孩子，并说爸爸/妈妈爱你		
7. 我本周没有当着孩子面，对爱人（家人）发脾气		
8. 我本周对爱人（家人）说了爱、赞美等正能量的话		
9. 我本周有用心陪伴父母或给父母打电话问候		
10. 自我点评，我本周：		

八、扩展阅读：教子有方

这样养育孩子你就错了（一）

我们从不建议父母总是把眼光盯在孩子在行为表现上产生的问题，这样会让父母没有办法感受和享受孩子在我们身边成长的亲子时光，也更会过早地让我们陷入焦虑的情绪中，从而总是传递给孩子不耐烦的表情和高亢的音调。这个年龄段的孩子，在解读父母传递的情绪这件事上可是绰绰有余，但要如何合理消化自己的负面情绪却还是一个"小白"，那除了频繁地折腾父母，孩子更是别无他法。所以，如果你的孩子在这个时候总是让你安静不了，你不妨反思一下，是不是你过多地传递给了他你的不愉快。停下来，想一想，也许能够让你不至于在和孩子的相处中总处于激烈的"搏斗"状态。

即便如此，我们也仍然要为孩子制订一些行为规则，切不可无意识地就这样养成了为孩子包办一切的习惯。当然，出于本能，很多孩子也难免会有意无意地和父母作对，此时父母坚持就好，大人之间尽量不要有太多不同的声音，就是让孩子感知到——不能一切都由着他来。而我们在坚持的时候，也不要过于绝对，偶尔放孩子一马也是可以的。父母要有意识地注意自己的面部表情和说话声调。

　　有时候，父母总是会因为看到自己孩子与别的同龄孩子，在一些表现方面有不同而感到忧心，这是人之常情，可以理解，因为我们的一代代教育，就是在比较中开展的。虽然我们头脑中知道每一个孩子都是独一无二的，也从小就烦透了自己的父母把我们跟这个比、跟那个比，但惯性和环境使然，很多父母依然没法彻底地根除这个连我们自己都不喜欢的念头。既然我们无法根除，那不妨转换一种视角，把自己孩子的"不同之处"看作是"不寻常之处"，留心观察孩子的种种你认为的不寻常之处会持续多久，因为这个年龄段的孩子的各方面发展还是很不稳定的，很多信息是通过外界交叉得来，不知是优是差，父母过早地自我担忧和给孩子贴标签、扣帽子，会干扰我们的理智判断，也会诱导自己进入情绪黑洞，一边否定自己的养育方式，一边又急于证明自己不是个不合格的父母，这些都会把我们引向一个错误的方向——急于求成、急功近利。给孩子一个相对平稳的过渡，多留心观察，少横加批评。父母对孩子成长保有的好奇心，就是孩子成长岁月里的温暖记忆。

第八章

心理资本：感恩

一、动机激发，让感恩品格持久发光

（一）感恩，是一种优秀的品格

感恩，希腊文的意思是"记住恩惠"，哲学家叔本华说："我们很少想到自己所拥有的，却总能想到自己所没有的。"孩子们会习惯性地抱怨，抱怨学校的规定、抱怨老师的要求、抱怨父母的唠叨、抱怨太无聊……如果要求他们一天24小时不发一句抱怨，似乎是一件相当具有挑战性的事情。

能够为所拥有的心怀感谢，是成长中自我实现的一个关键。在现今富裕的生活中，除非培养感恩的态度，为生活中发生的件件小事感恩，否则很难拥有真正的满足感与成就感。懂得感恩的人，通常比较谦逊，不狂妄、不骄纵，因而拥有良好的人际关系。相反，则容易以自我为中心，以为自己永远是最重要的，对别人有过多的要求与苛责，傲慢且心生埋怨。

孩子的第一任要感恩的老师是母亲，乔治·赫伯特说过："一个好母亲相当于一百个好学校，因为母亲能够像磁石般吸引孩子的心，像北极星般引起孩子的注意。"模仿悄悄地影响着性格的形成。

洛杉矶的一家旅馆，早晨，三个黑人孩子在餐桌上埋头写着感恩信,这是他们每天必做的功课。老大在纸上写了很多行字,妹妹写了五六行,最小的弟弟只写了三行,再细看其中的内容,却是诸如"路边的小花开得真漂亮""昨天吃的比萨饼很香""昨天妈妈给我讲了一个很有意思的故事"之类简单的语句,原来他们写给妈妈的感谢信不是专门感谢妈妈给他们帮了多大的忙,而是记录下他们幼小心灵中感觉幸福的一点一滴,他们还不知道什么叫大恩大德,只知道对于每一件美好的事物都应心存感激。他们感谢母亲辛勤的劳作,感谢同伴热心的帮助,感谢兄弟姐妹之间的互相理解……他们对许多我们认为是理所当然的事情都怀有一颗感恩的心。

一直以来,感恩在人们心中是"感谢恩人"的意思。其实,感恩不仅仅局限于感谢对我们自己施以大恩大德的人,感恩其实是一种态度,一种善于发现美好并欣赏美好的优秀品格。

(二)感恩,让一切变得更加美好

许多人奉行的原则是"你满足我的需要,然后我才满足你的需要。"当一个人渴望别人回以感激之情,相对的他也会努力希望获取别人的接受和赞同,并感恩于他。这其实是在向对方索取"报答",如果索取未果,他难免会心生悔恨、痛苦之情,甚至觉得自己无足轻重,失去了存在的价值,变得丧失自我、没有自信。

仔细想想,其实很多人给予你爱的示范、友善的动作、信心的鼓励、友好的示意……那我们为何总是隐藏感激的心情呢?或许是人与人之间的摩擦,摧毁了感恩的心,也可能习惯了没有感激的日子。其实，我们每个人都应该明白，生命的个体是相互依存的，无论是父母的养育、师长的教诲、配偶的关爱、他人的服务还是大自然的慷慨赐予……人自有了生命开始，便沉浸在恩惠的海洋里，一个人真正明白了这个道理，就会感激大自然的福佑、感激父母的养育、感激社会的安定、感激食之香甜、感激衣之温暖，感激花草鱼虫、感激苦难逆境。

感恩是一种优秀的品格，让我们爱心增长，爱的实践不仅仅是意志的行动，内心深处更会让我们能乐意、主动地付出，能够为我们所拥有的而心怀感激。

如果一个人心存爱与感恩，那么就会少一些烦恼、少一些牢骚、少一些抱怨、少一些不必要的仇恨，心胸就会变得宽阔、心情就会变得舒畅，你的世界会变得美好，生活也将变得美好。

有的家长认为，在知识经济时代，孩子掌握知识和技能就可以了，而价值观、情怀、大爱这些看不见、摸不着的东西是不重要的，这是严重的认识误区。很多心理学和教育学的研究表明，价值观对人具有非常重要的支撑作用。一个人应当从小就知晓什么是对的、什么是美的、什么是善的，知道做什么事情能够让自己发自内心地感受到安心与喜悦，自己存在的价值和意义是什么。这是宏大而细微的生命主题，找到答案的人是幸福的、自我肯定的；而找不到答案的人则是迷惘的、自我怀疑的。

钱理群说，目前我们的教育常常培养出"精致的利己主义者"，只关心自己，而对个人利益之外的事情一概不管。那么，这些"精致的利己主义者"真的能自得其乐吗？心理学家弗洛姆认为，利己主义与孤独是同义语，而人不可能在与外界毫无关系的情况下实现自己的目的;而爱,则是一种能力。

"精致的利己主义"是指经过精心打扮甚至伪装的利己主义者,"他们高智商,世俗、老到,善于表演,懂得配合,更善于利用体制达到自己的目的。这种人一旦掌握权力,比一般的贪官污吏危害更大"。造成"精致的利己主义"的原因有三个方面。

①落后自私的家庭观念。

②过分宠溺的家庭环境。

③"唯分数论"和唯利是图的社会环境。

二、"感恩"好品格故事汇

手术费=一杯牛奶

一个生活贫困的男孩为了积攒学费,挨家挨户地推销商品。

傍晚时,他感到疲惫万分,饥饿难挨,而他的推销却很不顺利,以致他有些绝望。这时,他敲开一扇门,希望主人能给他一杯水。开门的是一位美丽的年轻女子,她给了他一杯浓浓的热牛奶,令男孩感激万分。

许多年后,男孩成了一位著名的外科大夫。一位患病的妇女,因为病情严重,当地的大夫都束手无策,便被转到了那位著名的外科大夫所在的医院。外科大夫为妇女做完手术后,惊喜地

如何培养孩子的好品格

发现那位妇女正是多年前，在他饥寒交迫时，热情地给过他帮助的年轻女子，当年，正是那杯热奶使他又鼓足了信心。

结果，当那位妇女正在为昂贵的手术费发愁时，却在她的手术费单上看到一行字：手术费＝一杯牛奶。

智慧之光： 感恩，是结草衔环，是滴水之恩涌泉相报；感恩，是一种美德，是一种境界；感恩，是值得你用一生去等待的一次宝贵机遇；感恩，是值得你用一生去完成的一次世纪壮举；感恩，是值得你用一生去珍视的一次爱的教育；感恩，不是为求得心理平衡的喧闹的片刻答谢，而是发自内心的无言的永恒回报。感恩，让生活充满阳光，让世界充满温馨……

资源链接

让社会主义核心价值观在少年儿童中培育起来，家庭、学校、少先队组织和全社会都有责任。家庭是孩子的第一个课堂，父母是孩子的第一个老师。家长要时时处处给孩子做榜样，用正确行动、正确思想、正确方法教育引导孩子。要善于从点滴小事中教会孩子欣赏真善美、远离假丑恶。要注意观察孩子的思想动态和行为变化，随时做好教育引导工作。

——习近平《从小积极培育和践行社会主义核心价值观》

三、体验活动（学校版）

【活动名称】情绪病毒。

【活动人数】10～12人为一组。

【活动目标】接受并感谢每一个传递给你不同情绪的人。

【活动规则与流程】

第一轮

1. 活动开始前，所有人围成一圈，并且闭上眼睛，主持人在有学生组成的圈外走几圈，然后拍一下某个学员的后背，确定"情绪源"，注意尽量不要让第三个人知道这个"情绪源"是谁。

2. 所有学员睁开眼睛，散开，并告诉他们现在是一个大型慈善晚宴，他们可以在屋里任意交谈，和尽可能多的人交流。

3. 情绪源的任务就是通过眨眼睛的动作将不安的情绪传递给屋内的其他三个人，而任何一个获得眨眼睛信息的人都要将自己当作已经受到不安情绪感染的人，一旦被感染，他的任务就是向第三个人眨眼睛，将不安的情绪再次传染给他们。

4. 五分钟以后，让学员们都坐下来，让情绪源站起来，接着是那三个被他传染的，再然后是被那三个人传染的，直到所有被传染的人都站了起来，你会惊奇于情绪传染的可怕性。

第二轮

1. 告诉学生们，你已经找到了治理不安情绪传染的有效措施，那就是制造快乐源，即用真挚柔和的微笑来冲淡大家因为不安而带来的阴影。

2. 让大家重新坐下来围成一圈，并闭上眼睛，告诉大家你将会从他们当中选择一个同学作为快乐之源，并通过微笑将快乐传递给大家，任何一个得到微笑的人也要将微笑传递给其他三个人。

3. 在学生的身后转圈，假装指定了快乐之源，实际上你没有指任何人的后背，然后让他们睁开眼睛，并声称游戏开始。

4. 自由活动三分钟，三分钟以后，让他们重新坐下来，并让收到快乐讯息的同学举起手来，然后让大家指出他们认为的"快乐情绪源"，你会发现大家的手指会指向很多不同的人。

5. 微笑地告诉大家，实际上根本就没有指定的快乐情绪源，是他们的快乐感染了彼此。

	引导反思——整理活动经验与提升
A	负面情绪源给你带来的感受是什么
B	你从这些负面感受中发现了什么？学习到了什么
C	你会感谢传递给你负面情绪的人吗？为什么
D	正面情绪源给你带来的感受是什么
E	你从这些正面感受中发现了什么？学习到了什么
F	你会感谢传递给你正面情绪的人吗？为什么

续表

	引导反思——整理活动经验与提升
G	我们无法掌控谁会给我们正面情绪和负面情绪,但我们可以掌控自己如何看待它们,有能力抵御负面情绪会使我们变得更强大,有能力分享正面情绪会使我们拥有更多的朋友、得到更多的支持
H	感谢、感恩所有传递给我们不同情绪的人,它使我们的人生拥有更广阔的格局

四、行动学习单

（一）我知道如何感恩

1.因为"我拥有",所以心存感恩。(请在以下四方面各写下一件感恩的事并分享)

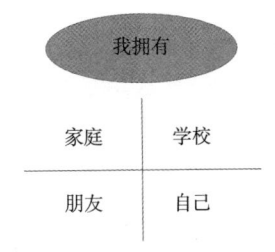

```
          我拥有

   家庭    |   学校
   ────────┼────────
   朋友    |   自己
```

2.我知道用什么方法来表达感恩（可多选,并请分享）

☐ 送礼物给对方

☐ 写信告诉他们

☐ 口头说出来

☐ 花时间与他们在一起

☐ 其他_____

3. 我的感恩行动：在本周的生活中，我决定向_____、_____两位表达感恩之情。

（二）感恩与抱怨

我的感恩日记

回想今天的言谈，是感恩较多还是抱怨较多？请在较多的一边贴上贴纸。

日期	感恩	抱怨
星期一		
星期二		
星期三		
星期四		
星期五		
星期六		
星期日		
重要事件分享		

五、体验活动（家庭版）

【活动一名称】重新认识生命。

【活动方式】父母带着孩子参观生命博物馆、自然博物馆，或人类博物馆、历史名人故居等。

【活动目标】

1. 从出现到消逝：与孩子一起认识生命的奇妙旅程。

2. 认识生命消逝之后的另一种延续，另一种价值。

3. 认识生命存在的意义，珍爱生命。

4. 珍惜时间，让每一天都生活得更充实，更有意义。

【活动二名称】共渡独木桥。

【活动目标】通过父母和孩子一起走过独木桥的活动，让父母看到孩子独立自主的一面，也让孩子认识到在自己成长的过程中父母对自己重要性。

【活动准备】活动前，要先用木板之类的东西搭出一座独木桥，桥中间最好有断的地方。

【活动描述】孩子走独木桥时，家长在一旁协助。在整个过桥的过程中，孩子是蒙着眼睛的。是由孩子独立过桥不用家长搀扶或提示，还是家长在边上扶着孩子指引，孩子和家长都需要事先约定好。

【活动效果】此项活动一般都能收到很好的效果，一下子就能看出整个家庭的亲子关系是怎样的。有的父母平时经常放手让孩子锻炼，孩子一般会选择自己过，不要家长帮忙；有的父母平时照顾孩子比较多，孩子依赖性强，一般会选择拉着父母的手小心翼翼地过；有的父母平时对孩子半扶半放，在过桥的时候一般也会显现这样的情况，孩子虽然不需要父母搀扶，但是在孩子需要的时候，父母还是会提醒几句。

六、21天学生品格养成日记

第一周							
"感恩"好品格日记：向使我生命受益的对象表达衷心感谢							
具体行动	本周曾经实践的项目，请打√						我的心情点滴
	一	二	三	四	五	六	日	
对别人为我的付出表达感谢（例如：言语、卡片、礼物、电话）								
不顺利时，我仍学习感恩								
不抱怨								

第二周							
"感恩"好品格日记：向使我生命受益的对象表达衷心感谢							
具体行动	本周曾经实践的项目，请打√						我的心情点滴
	一	二	三	四	五	六	日	
对别人为我的付出表达感谢（例如：言语、卡片、礼物、电话）								
不顺利时，我仍学习感恩								
不抱怨								

第三周							
"感恩"好品格日记：向使我生命受益的对象表达衷心感谢							
具体行动	本周曾经实践的项目，请打√						我的心情点滴
	一	二	三	四	五	六	日	
对别人为我的付出表达感谢（例如：言语、卡片、礼物、电话）								
不顺利时，我仍学习感恩								
不抱怨								

七、21天父母教子周记

第一周	本周曾经实践的项目，请打√	
1. 我本周没有把不好的情绪带回家，我努力创造轻松快乐的家庭氛围		
2. 我本周经常专心陪伴孩子40分钟以上（倾听、玩耍、讲故事……）		
3. 我本周经常使用肯定、鼓励的语言和孩子平等沟通		
4. 我本周和孩子一起做过户外活动：运动、玩耍、散步等		
5. 我本周发现了孩子的优点，并及时给予肯定和夸奖		
6. 我本周有拥抱孩子，并说爸爸/妈妈爱你		
7. 我本周没有当着孩子面，对爱人（家人）发脾气		
8. 我本周对爱人（家人）说了爱、赞美等正能量的话		
9. 我本周有用心陪伴父母或给父母打电话问候		
10. 自我点评，我本周：		

第二周	本周曾经实践的项目，请打√	
1. 我本周没有把不好的情绪带回家，我努力创造轻松快乐的家庭氛围		

续表

第二周	本周曾经实践的项目，请打√	
2.我本周经常专心陪伴孩子40分钟以上（倾听、玩耍、讲故事……）		
3.我本周经常使用肯定、鼓励的语言和孩子平等沟通		
4.我本周和孩子一起做过户外活动：运动、玩耍、散步等		
5.我本周发现了孩子的优点，并及时给予肯定和夸奖		
6.我本周有拥抱孩子，并说爸爸/妈妈爱你		
7.我本周没有当着孩子面，对爱人（家人）发脾气		
8.我本周对爱人（家人）说了爱、赞美等正能量的话		
9.我本周有用心陪伴父母或给父母打电话问候		
10.自我点评，我本周：		

第三周	本周曾经实践的项目，请打√	
1.我本周没有把不好的情绪带回家，我努力创造轻松快乐的家庭氛围		
2.我本周经常专心陪伴孩子40分钟以上（倾听、玩耍、讲故事……）		
3.我本周经常使用肯定、鼓励的语言和孩子平等沟通		
4.我本周和孩子一起做过户外活动：运动、玩耍、散步等		
5.我本周发现了孩子的优点，并及时给予肯定和夸奖		
6.我本周有拥抱孩子，并说爸爸/妈妈爱你		

续表

第三周	本周曾经实践的项目，请打√	
7.我本周没有当着孩子面，对爱人（家人）发脾气		
8.我本周对爱人（家人）说了爱、赞美等正能量的话		
9.我本周有用心陪伴父母或给父母打电话问候		
10.自我点评，我本周：		

八、扩展阅读：教子有方

这样养育孩子你就错了（二）

在孩子进食也就是吃饭这件事情上，请父母尽量保持一种不要过分纠结、强迫和完美的心态以及做法。吃东西，是人类一种最基本的生存需求，如果父母的心里总有对孩子过度强烈的保护欲，或者是对孩子成长过度担忧的恐慌感，很容易会催生出成年人一系列对孩子溺爱的行为，这是非常不可取的一种养育方式。

溺爱，基本不可能只存在于父母对孩子的某一种行为上，它多是全方位、周全、严密和事无巨细的，而且极容易养成孩子对父母的绝对依赖，这当然不仅只包含生活起居的依赖，还包含着

第八章 心理资本：感恩

情感连接的依赖。逐渐长大后，有的孩子便会在没有父母存在的空间里，久久难以融入和适应新的环境，孩子会拼命地想要回到父母的怀抱，如果此时父母表现出拒绝之意，那孩子本就脆弱的小心脏和安全感，就会被父母这长期很热、然后突然一冷的应对方式快速瓦解，接下来可能就会出现孩子对父母这种方式给他带来所谓伤害的攻击和报复。有很多孩子就是突然这样开始性情大变的，很多父母在疑惑不解、郁闷委屈或是心烦意乱等负面情绪的不断干扰和驱使下，不理智的养育行为是很容易频频登场的。

当然，还有另外一种错误的应对方式，就是父母根本无法接受孩子受一点点委屈，开始不断加码父母的溺爱，全面升级对孩子的身心保护措施，不接受任何人给的建议以及对孩子的点评，给孩子造成了一个极大的认知误差，就是"这事不赖我""问题全在你""而我，永远是对的"，不仅父母自己不接受来自除自己以外的人对孩子的批评，孩子也会逐渐变得只能听别人对他褒奖的声音。结果是男孩子拥有一颗玻璃心，女孩子则患上公主病。孩子越发地开始离不开父母，父母也愈发地离不开孩子，但这样真的对孩子的成长有好处吗？在孩子成为父母的"唯一"的时候，父母也成了孩子的绝对唯一。越是长大，这种互为对方唯一的需求和情感缺陷，就会表现得越明显。如果父母以期通过溺爱孩子的方式，让孩子日后需要频繁独立面对外界时，拥有强大的自信，那他的自信心极可能吹弹而破，因为孩子一多半的自信心是建立在有父母甚至是只有父母的世界里，一旦走出这个父母给他百般呵护、精心营造的舒适圈，孩子还能拥有多少真正意义上的自信，就真的很难说了。

如何培养孩子的好品格

　　有两样东西会频繁压缩一个人自信的占有率，一样叫"自大"、一样叫"自卑"。如果父母的初心是爱护孩子，如果父母的本意是培养孩子，如果父母的愿望是成就孩子……那此刻你需要停下来检索一下自己，在溺爱孩子的道路上，你已经不自知地奔跑了多久，不妨眼下我们就多多提醒自己，让自己溺爱的步伐逐步慢下来，让孩子在未来尽可能少地承受一些这徘徊在自信两极的自大和自卑之间的苦。

参考文献

[1] Diane E. Papalia. 孩子的世界：从婴儿期到青春期 [M]. 11 版. 郝嘉佳, 岳盈盈, 陈福美, 等译. 北京：人民邮电出版社, 2013.

[2] Lansdown Richard. 关注您的孩子的成长：0 至 18 岁家教全案 [M]. 刘建水, 刘水宽, 译. 杭州：浙江科技技术出版社, 2004.

[3] Robert S·Feldman. 发展心理学：探索人生发展的轨迹 [M]. 苏彦捷, 等译. 北京：机械工业出版社, 2011.

[4] Louise Ames. 你的 10～12 岁孩子 [M]. 玉冰, 译. 南昌：江西科学技术出版社, 2013.

[5] 刘海莉, 刘春杰. 学生心理健康教育全手册 [M]. 南京：江苏教育出版社, 2011.

[6] 钟思嘉, 王宏. 父母效能培训手册 [M]. 长沙：湖南科学技术出版社, 2011.

[7] 钟思嘉. 少问孩子为什么, 多问自己怎么做 [M]. 长春：吉林出版集团有限责任公司, 2012.

[8] 马宁. 引导的艺术 [M]. 广州：广东教育出版社, 2014.

[9] 李中莹. 亲子关系全面技巧 [M]. 北京：现代出版社, 2008.

[10] Adele Faber，Elaine Mazlish. 如何说孩子才会听，怎么听孩子才肯说 [M]. 安燕玲，译. 北京：中央编译出版社，2008.

[11] 陶行知. 教育的真谛 [M]. 武汉：长江文艺出版社，2013.

[12] Richard J.Riding，Stephen G.Rayner. 认知风格与学习策略 [M]. 庞维国，译. 上海：华东师范大学出版社，2003.

[13] Silver Harvey F. 多元智能与学习风格 [M]. 张玲，译. 北京：教育科学出版社，2003.

[14] 邢涛. 优秀小学生 EQ 情商培养 [M]. 杭州：浙江教育出版社，2010.

[15] John Ratey. 动起来更聪明：运动改造大脑 (亲子版)[M]. 浦溶，译. 杭州：浙江人民出版社，2014.

[16] 刘博. 男孩，走好青春期的第一步 [M]. 北京：中国华侨出版社，2012.

[17] 刘博. 女孩，走好青春期的第一步 [M]. 北京：中国华侨出版社，2012.

后 记

致天下父母的一封信

工作中，有太多的父母问我："孩子不好好吃饭怎么办？孩子总爱哭闹怎么办？孩子注意力不集中怎么办？孩子不爱上学怎么办？孩子不懂感恩怎么办……"作为一名家庭教育、品格教育、心理咨询工作者，我这 24 年接触了大量的父母和孩子，他们的故事中，有无数的无奈与痛苦；他们的成长中，也蕴含着经验和力量。希望更多的父母分享经验给大家，以便能带来些许的启发与思考。从家庭中助力孩子的成长，助力孩子的品格塑造，给他们带来更多一点尊重与关爱。然而，没有成长的父母，大多希望"灵丹妙药"，希望从我这里直接拿到答案，但是庭环境不同、父母不同、孩子不同……又怎么会有相同的答案呢？反之，我总是会问更多的问题——"孩子是谁带的？主要带孩子的家长情绪状态如何？整个家庭的关系如何？父母之间的关系如何？孩子有没有兄弟姐妹？"等。从父母对这些问题的描述中，寻找孩子出现问题的可能原因，因为我知道，出现问题的孩子只是一个生病家庭中的"带症者"，孩子出现问题不是孩子病了，而是家庭"病了"，只是在孩子身上表现出来而已。家庭"病了"，让孩子"吃药",问题又怎么能真正地解决呢?预防家庭"生病",了解家庭教育、品格教育的本质也是关键。

一、家庭教育、品格教育包含三个层次

第一,父母自身的再成长。父母是孩子的榜样,父母的言谈举止会潜移默化地影响孩子。作为成年人,我们足够成熟吗?能很好地处理自己的情绪、情感、工作、生活吗?如果父母遇到问题焦虑、抱怨、退缩、脾气急躁,或者绝对强势,控制欲强等,那我们怎能指望孩子平和、积极、乐观、坚强、勇敢?

第二,了解孩子。如果父母了解孩子在不同年龄阶段的生理、心理特点,知道孩子的个性特征,懂得孩子的学习方式,那么就能在孩子的成长过程中提供其需要的支持和帮助,保证对孩子的教育是"有益的";否则,父母很有可能会"以爱的名义,做了伤害孩子的事情"。

第三,家庭教育、品格教育的方法和技巧。如何恰当地鼓励孩子?如何有效地沟通?如何与孩子一起养成良好的生活、学习习惯……如果父母掌握了一定的教育方法和技巧,就一定可以更有效地应对这些家庭教育中的常见问题。

如果把家庭教育、品格教育比作一棵大树,那么"父母自我再成长"就是大树的根系,是家庭教育、品格教育中最核心最根本的部分,"了解孩子"是树干,"家庭教育、品格教育的方法和技巧"是枝叶。根系发达,大树才能茁壮成长。作为父母,只有做好自己,才能教好孩子。

二、父母的自我再成长，决定了孩子的品格、性格与未来

恒恒的妈妈身材高挑，外貌靓丽，大学毕业，工作能力出众，年轻时追求者众多，但恒恒妈妈却看上了各方面都比较普通的恒恒爸爸。他们结婚后，恒恒妈妈对恒恒爸爸的控制一如既往地严格：严格控制恒恒爸爸上下班路上的时间，最多允许5分钟的浮动；严格控制恒恒爸爸的"财务"，恒恒爸爸的工资卡、信用卡等都被"没收"，只给一张公交卡和仅够午饭的零用钱。现在，恒恒出生了，恒恒妈妈严格控制恒恒爸爸带恒恒的方式，比如和恒恒做哪些游戏、给恒恒讲什么故事……恒恒一天天长大，恒恒妈妈控制恒恒爸爸的同时开始控制恒恒，恒恒什么时间喝奶、什么时间睡觉、什么时间外出散步，都要精确到分钟……

读完上面的故事，你可能会觉得：故事中的恒恒妈妈真过分，控制恒恒爸爸太严格了，甚至有点严苛；恒恒爸爸真是好"可怜"，没有时间自由，没有财务自由，甚至没有和恒恒随意玩的自由。但其实，恒恒妈妈有她的苦衷，恒恒爸爸也有他的舒适。

恒恒妈妈出生在一个重男轻女思想严重的家庭里，她有一个哥哥，家里爷爷奶奶、爸爸妈妈非常疼爱、重视哥哥，却很嫌弃她，甚至商议过几次要把她送给亲戚，并经常告诫她："要是你不听话，就只要你哥哥，不要你了。""要是你不好好学习，就只要你哥哥，不要你了。""要是你不……就只要你哥哥，不要

你了。"作为一个女孩，每次听到家人这样说，她就好害怕。她尽可能地"乖"，尽可能地"好"。她从小就非常努力，努力地学习，努力地工作，让自己优秀，让自己优秀到父母舍不得不要她。

长大的她在各方面都非常优秀。但是，择偶的时候她却看上了各方面并不出众的恒恒爸爸。这是为什么呢？因为虽然她在外人看来那么优秀，但她对自己的评价却很低，她觉得自己很渺小，觉得自己不被喜爱，觉得自己什么都做不好……所以，她不敢选择优秀的男生，她害怕优秀的男生有一天会抛弃自己。

所以，小时候的成长环境让她缺乏安全感，让她自我评价很低，让她喜欢控制身边的人，包括自己的爱人、孩子。她觉得只有紧紧地"抓住"他们，自己才安全。

恒恒爸爸为什么会"安于"被控制呢？

恒恒爸爸小时候，父母工作很忙，没有时间照顾他。他经常被放在邻居家和小朋友一起玩，玩了一上午，午饭时间到了，小朋友各回各家吃饭，只剩下他一个孩子，没有家能回。当然，邻居家的叔叔阿姨会请他一起吃午饭，但是他内心深处总是特别失落、特别难过，觉得自己是个没有人关心、没有人照顾的孩子。

所以，他的妻子这样来"控制"他，在外人看来他是如此不自由，虽然他也觉得不自由，但内心深处太渴望被关心、被照顾了，所以，他可以"忍受"妻子的这些做法。

我们试想，如果恒恒的爸爸妈妈不做调整，恒恒在这样的家庭氛围里长大，他会怎样？这样的家庭氛围会给孩子的童年留下什么？等孩子长大再组织家庭，又会怎样？

妈妈缺乏安全感、自我评价较低、爱控制别人、较强势，爸爸内心缺爱、甘于被控制、较弱势……恒恒可能会吸收父母这些不够健康的心理和情绪，成为一个心理不够健康的孩子。

三、父母能为孩子做的最好的事情，就是自我再成长

作为父母，能为孩子做的最好的事情，就是自我再成长。因为父母是孩子的榜样，父母的言谈举止会潜移默化地影响孩子。父母的反思、成长会加深其对自己的认识，会促使父母自我意识的成长。其实，父母在这个过程中很好地树立了榜样，给孩子在自我意识形成过程中提供了正面、积极的示范。

让我们和孩子一起快乐地成长吧！从我们要成为父母的那一刻起，经常问问自己：我们自身还有哪些方面需要成长？我们是否已经从创伤经历中走出来并从中吸取营养？我们有没有养成积极正面的思维习惯？我们是否有平和、安定的情绪状态？

四、自我成长第一步：回到童年，清理"伤口"——创伤经历，有痛亦有营养

在成长的过程中，我们小时候与父母、祖父母的相处，与兄弟姐妹的相处，与老师、同学的相处，给了我们很多爱的滋养，但也可能或多或少、或深或浅留给我们一些遗憾，一些心理的伤痕。这些遗憾和创伤有的我们记忆深刻，有的却早已忘记，但是不管记忆深刻还是早已忘记，它们都会深深地留在我们的潜意识里，经常出来作怪，扰乱我们的安宁，破坏我们的情绪，影响我们的生活。这些，不仅会影响我们自己，也会影响我们与爱人和

孩子的关系。

作为父母，我们都深爱自己的孩子，但是，如果我们还没有把自己的生活打理好，还没有从过去的遗憾和创伤中走出来，并从中吸取营养，我们可能会时常深陷在自己的情绪中，根本无从顾及孩子的需要和感受。父母想爱而无力爱，想爱而不懂得怎样爱。这种情况会导致历史重演，父母很容易将自己过去不健康的行为习惯或心理模式传给孩子。只有把自己从过去的枷锁中解救出来，我们才能更好地接纳自己，才能真正地爱自己，才能敏锐地觉察孩子的感受和需求，和孩子建立起他们成长所必需的自然、稳定的亲子关系。

我们对自身的情感经历认识得越透彻，就越能顺畅地与孩子沟通，增强他们认识自我的能力，确保他们的身心健康。

（一）心理创伤不仅可能是天灾人祸这种重大变故造成的，也可能是生活中长期、重复发生的小事造成的

看到"心理创伤"这个词，我们首先想到的可能是战争、洪水、地震、火灾，以及遗弃、性侵犯、暴力事件等天灾人祸，这些重大的人生突变和冲击在人的心理层面产生挥之不去的阴霾。其实，不止这些冲击性强烈的重大变故，那些在我们日常生活中长期、重复发生的我们没有很在意的事情，也有可能造成心理创伤。比如，父母与孩子的长期分离，父母之间的语言暴力，父母对孩子的忽视或对孩子的过分掌控等，都会导致心理创伤的形成。而且，这些慢性的、重复的、长期的伤害，对我们的影响更大。另外，这些创伤隐藏在内心深处也更不易觉察。

我们知道，人生不如意事十之八九，我们每天都在经历各种

后记

各样的事情，接触各式各样的人，并不是所有的负面事件都会造成心理创伤，影响我们的生活。那么，心理创伤是如何形成的呢？有一类创伤是由于需求未满足而造成的。马斯洛把人类的需求分为生理需求、安全需求、归属与爱的需求、尊重需求和自我实现需求五类，当这些需求不能够得到满足时，我们就会感到痛苦。像生活在贫穷地区的孩子，食不果腹，衣不蔽体，无法满足个人基本的生存需要，可能产生心理创伤。生活在城市的孩子，也可能因为父母工作忙碌，陪伴他们的时间少，从而缺乏安全感，而逐渐形成心理创伤。

对于孩子来说，最常见的是积聚型创伤，在孩子成长过程中（从婴儿到青少年），一些微小的伤害事件如果没有得到有效的解决，它会随着时间慢慢累积进而造成孩子对父母、祖父母、兄弟姐妹、老师、同学等重要的他人的信任逐渐瓦解，伤害逐渐加大。下面这个真实的小故事也许可以帮我们理解这一点。

我是家里的第三个女儿，上面有两个姐姐，下面是一个弟弟。弟弟自然是家里最受重视、最受疼爱的孩子，我穿姐姐们穿旧的衣服，弟弟穿的衣服却是新的。我跟父母一样吃饭，弟弟却有各种好吃的。我不仅做各种家务还要照看弟弟。记得有一天，父母又安排我照看弟弟，我十二分不愿意，但也拗不过妈妈，于是费力地带着弟弟出去玩。可是，因为带着弟弟，我被小伙伴们嫌弃，只能一个人边玩边带弟弟，委屈得不得了。正玩着，有一只狗跑到弟弟跟前嗅了嗅他，弟弟吓得哭起来。这一幕刚好被妈妈看到，她不问青红皂白当着好多人的面骂我，我恨不得找个地缝钻进去……而且,每当弟弟哭了,父母便说肯定是我欺负他了;弟弟的铅笔不见了,父母便觉得是我给他弄丢的;弟弟的玩具坏了,父母就批评我,认为是我弄坏的……我越来越"恨"父母。

(二)创伤之后会怎样——常见的心理防御

幼小的我们"受伤"了,那时的我们还不具备自我包扎伤口、自我分析反思、自我疗愈的能力。但是,每一个生命都具有强大的生存智慧。为了让自己更好过些,小小的我们发展了保护自己的某些能力。这些能力保护我们渡过了好多"艰难"的时刻,帮助我们在心里建起了一个小小的隐秘的坚实角落——心理防御,这个角落可以让我们躲在里面喘息片刻,让我们躲在里面舔舐伤口,让我们躲在里面恢复能量。但是,随着我们一天天长大,这个曾经是我们避风港的小角落已经不能很好地让我们心灵休憩了,因为我们面对的环境、接触的人、遇到的问题都已经变化了,这一套曾经保护过我们的法宝,现在不仅不能继续很好地保护我们,反而在一定程度上成了妨碍我们幸福生活的绊脚石。因为童年时期形成的防御心理让我们很难适应孩子的关爱者这个新角色。由于我们自己的原因,即使是孩子的正常表现,比如情绪化、无助、脆弱以及对我们的依赖,也会让我们感觉压力巨大,无法忍受。当我们试图帮助孩子时,我们的矛盾心理导致我们的真实行为与心中所想相悖,不但没有包容孩子,给他安慰,反而可能表现得非常不耐烦而又易怒。

所以,检视创伤,超越创伤,我们才会更有力量走向新生。

所谓"心理防御"(又称自我防御),是指当我们面临挫折或冲突的紧张情境时，以潜意识伪造或曲解现实，不使别人和自己察觉自己的问题，以适应环境，减少焦虑，以保持心理平衡与稳定。因此，自我防御机制是借歪曲知觉记忆、动作、动机及思维，或完全阻断某一心理过程而使自我免于焦虑。实际上，它也是一种心理上的自我保护。需要说明的是，只要我们能够运用这些防御机制来维持平衡，而没有表现出适应不良的行为，就不能看作是病态心理。只有在不适当的时机，不适当地应用防御机制，以致不论在自己内心安宁方面还是与他人的交往方面都出现不相称、不和谐时，才需要我们努力调整。

常见的心理防御方式有以下几种。

1. 压抑。把不能被意识接受的冲动、欲望、想法、情感或痛苦经历不知不觉地抑制到潜意识中去，我们对压抑的内容不能察觉或回忆，以避免痛苦、焦虑，这是一种不自觉的选择性遗忘和主动抑制。但是这些内容并未消失，仍然存在，会无意识地影响我们的行为，以至于在日常生活中，我们可能做出一些自己也不明白的事情。比如，一天夜里，男孩看见父亲殴打母亲，事后被问及这次经历时，男孩坚持说他从未见过这样的事情。也许他并没有撒谎。相反，或许是因为那一幕恐怖得让他难以接受，因此，他将这段经历压抑于意识之外。

2. 转移。把对强者的情绪、欲望转移到弱者或者安全者身上，以减轻自己心理上的焦虑。比如，一对夫妇因感情不睦而离婚，一女一子归父亲抚养，但父亲因工作关系将子女寄养在他们祖父母家中。祖父母对待男孩的态度非常严格苛刻，常常无缘无故地打他，而对女孩则完全不一样，疼爱有加。后经家庭治疗，发现祖父母对男孩的母亲心有怨怼，而在不知不觉间将不满情绪发泄到长得像母亲的男孩身上。再比如"踢猫效应"，把对上级的愤怒和不满情绪，在家中对亲人发泄出来。有位被上司责备的先生回家后因情绪不佳，就借题发挥骂了太太一顿；而做太太的莫名其妙挨了丈夫骂，心里不愉快，刚好儿子在旁边吵，就顺手给了他一巴掌；儿子平白无故挨了巴掌，满腔怒火地走开，正好遇上家中小猫向他走来，就顺势踢了猫一脚。

3. **退行**。当个体遭遇挫折无法应对时，表现出与其年龄不相称的幼稚行为，放弃成熟态度和成人行为模式，让自己退回到儿童状态，以得到他人的同情和照顾，躲避所面临的现实问题。比如，已养成良好生活习惯的儿童，因母亲生了弟弟妹妹或家中突遭变故，而表现出尿床、吸吮拇指、好哭、极端依赖等婴幼儿时期的行为。再比如，一个成年人，当遇到困难无法应对时，便"生病"，以此来退回到儿童时期被人照顾的生活中去，逃避现实的困难。

4. **合理化**。当个体的动机未能满足或行为不能符合社会规范时，尽量搜集一些合乎自己内心需要的理由，给自己的作为一个合理的解释，以掩饰自己的过失，减少焦虑、痛苦和维护自尊。比如，学生考试成绩不好，不愿承认是自己准备不足，而说试题太难、超出范围，老师教得不好、评卷不公平。再比如"酸葡萄心理"，追不到女朋友的男孩说："这种女人品行不端，嫁给我我都不要"。

5. **补偿**。当个体因自身生理或心理上的缺陷致使不能达成某种目标时，改以其他方式来弥补这些缺陷，以减轻其自卑感、不安全感，建立自尊。补偿可分为消极性补偿与积极性补偿。所谓消极性补偿，是指个体所用来弥补缺陷的方法对个体本身没有带来帮助，有时可能带来更大的伤害。比如，一个事业失败的人，整日沉溺于酒精中而无法自拔；一位爸爸用物质上的满足来补偿自己因为没有陪伴孩子造成的内疚。另一种是积极性补偿，是指以适宜的方法来弥补其缺陷。比如，某些残疾者通过惊人的努力，克服自身的缺陷，成为画家、运动员等。

（三）从创伤中吸取营养

童年的记忆不可改写，但是，我们可以改变自己看待这些事情的方式。如果我们继续抱怨、责备，只会让我们受伤更多。因为，即使一切并不如意，但这些已经不可改变。好的父母、老师，可以给我们做模范。尽管他们并不完美，那也给我们提供了学习改善的机会。

思考童年生活能改变我们自己，因为通过不断反思，我们会慢慢成长，自我认识加深。这种思考也能使我们更加全面地了解他人，并且让我们更深刻地理解人生。而这些又反过来不断提升我们的心灵感知能力，增强我们对孩子的敏感度，进而影响我们和孩子的相处方式和沟通方式。

以下"父母自我反思12问"，可以帮助我们检视过往的经历。

1. 你怎么看待成长？你家里都有哪些家庭成员？

2. 童年时，你和父母相处得怎么样？从少年到成年，一直到现在你和父母的关系是如何变化的？

3. 你和母亲与你和父亲的关系有什么不同？它们有什么相似

的地方？在和父母的相处上，你有什么喜欢或讨厌的地方？

4. 你是否被父母拒绝过？是否受到过父母的惊吓？是否还有其他一些经历让你感到难以承受或者精神上受到了创伤？它们对你以后的生活有没有影响？

5. 小时候父母是如何教育你的？这对你的童年有什么影响？对你现在为人父母有什么影响？

6. 你能记起小时候和父母分离时的感觉吗？这种感觉怎么样？你是否和父母有过长期分离？

7. 在童年或者长大以后的生活中，你的生命中是否有重要的人过世了？当时你的感受如何？这对你现在的生活有什么影响？

8. 当你高兴或兴奋的时候，你的父母有什么反应？当你烦恼或不快乐的时候，他们的反应又是怎样的？

9. 小时候是否还有其他人照顾过你？他们照顾得怎么样？有没有发生什么事情？你是否愿意让其他人照顾你的孩子？

10. 小时候遇到过苦难吗？当时你有没有依靠你和父母或其他人建立的关系走出困境？这些关系对你有什么帮助？

11. 童年经历对你有什么影响？你是否因为童年的一些经历而特别讨厌某种行为？你是否想改变某些习惯但遇到了困难？

12. 你认为童年经历对你成年后的生活有什么影响，在和他人的相处以及对自己的认识上，你最想改变的是什么？

当你在反思、回顾这些经历时，身旁最好有个让你感觉安全的人，这个人可以是很了解你的朋友，也可以是让你能真正做自己的人。当我们能真正倾听、接纳、了解彼此时，创伤便能在其中获得医治。而这种心灵相契、具矫正性的情绪治疗经验，是心灵医治过程中最重要的一环。当我们用现在更全面、更长远、更成熟的眼光去检视昔日的伤痛，那些有破坏性的魔力才能消失、减少。当然，在心理回顾的过程中，如果所探索的只是些小小的不愉快，可以自己进行，若是比较大的伤害，就需要找受过专业训练的人来协助。专业人士了解医治创伤的过程，知道如何帮助我们抚平创伤。

五、自我成长第二步：了解情绪的秘密，做更好的父母

多少次我们因为孩子的某些行为而烦躁、焦虑？多少次我们被自己的情绪绑架，伤人伤己？多少次我们试图控制情绪却难以做到？情绪是由什么引起的？对方做得太过分？不！原因在我们自己！了解情绪的秘密后就不需要控制，更不会压抑情绪，而是慢慢走向平和。

（一）情境讨论

阅读下面的内容之前，请准备一支笔，根据提示，写下你的真实想法，答案没有好坏对错之分。通过写下我们的想法来帮助思考，帮助我们收获更多。

【情境一】你正走着，迎面碰到你的领导，可是他没有和你打招呼，径直走过去了。你会怎么想？

通过收集父母们的答案，总结归纳出以下四种想法。

想法一：领导可能正在想别的事情，没有注意到我。即使是看到我而没理睬，也可能有什么特殊的原因。

反应是：该干什么还继续干什么。

想法二：一定是上次顶撞了他一句，他对我有成见，故意不理我了，下一步可能就要故意找我的茬儿了。

反应：怒气冲冲，以致无法平静下来做自己该做的事情。

想法三：一定是我哪件事情没有做好，领导对我不满意了。

反应：担忧，不知道自己哪件事没做好，不知道接下来会发生什么事情，不知道自己会不会失业、会不会穷困潦倒。

想法四：自己职位太低，领导根本不记得我，自己从小到大就是最不起眼的一个人。

反应：情绪低落，感慨自己怎么这么无能。

【情境二】冬天的一个下午，阴天，寒风中，爸爸骑电动车带着孩子匆匆赶去上课。路口绿灯，电动车纷纷通过，只是全都是逆向行驶！可是，交警只拦下了他的车，并罚了20元钱！如果你是这个爸爸，你会怎么想？

收集父母们的答案，总结归纳出以下两种想法。

想法一：强压着火，心里愤愤地想："这么多人逆行，凭什么只罚我？"

想法二："这么多人只罚我一个，我就是这么倒霉，从小到大我从来就没有幸运过，我就是个不幸的人，这就是我的命。"

但罚完钱，交警说了一句话："你知道我为什么只罚你一个人吗？因为你车上带着孩子！"听完这句话，你会怎么想？

收集父母们的答案，听完交警这句话，大家都觉得心里很温暖，为刚才自己的言行感到惭愧。

后记

第一个情境中，同一件事情，不同的人有不同的反应，我们把"你正走着，迎面碰到你的领导，可是他没有和你打招呼，径直走过去了"这个事件称为 A（activating event 的第一个英文字母），把我们的反应称为 C（consequence 的第一个英文字母），同样的 A，有多种 C，A 和 C 之间一定发生了什么，才会有不同的 C。

第二个情境中，同样的事情，同一个人，前后有两种不同的反应。在事件 A 和反应 C 之间一定也有什么发生，才会导致有不同的 C。

这两个情境分析告诉我们：事件 A 和我们的反应 C 之间有一个黑匣子，如果我们把这个黑匣子了解清楚，一定能帮助我们理解自己对事件的反应。

这就是 ABC 理论：事件 A 只是引发情绪和行为后果 C 的间接原因，而引起 C 的直接原因则是个体对事件 A 的认知和评价而产生的信念 B（belief 的第一个英文字母），即人的消极情绪和行为障碍结果 C，不是由于某一事件 A 直接引发的，而是由于经受这一事件的个体对它不正确的认知和评价所产生的错误信念 B 所直接引起的。也就是说，我们对事件的认知和解读决定了我们的反应，而不是事件本身决定了我们的反应。

（二）常见的不合理信念

1. 绝对化要求。是指我们以自己的意愿为出发点，对某一事物怀有认为其必定会发生或不会发生的信念，它通常与"必须""应该"这类字眼连在一起。比如："我必须获得成功""老公必须很好地对待我""孩子一定要听我的"等。这种绝对化要求通常是不可能实现的，因为事物发展有其自身规律，不以个人意志为转移。当事物的发展与预期相悖时，我们可能就会陷入情绪困扰。

2. 过分概括。 这是一种以偏概全的不合理思维方式，典型特征是以一件或几件事情来评定整个人。过分概括的一个方面是人们对其自身的不合理评价，比如，当面对一些失败时，往往认为自己"一无是处""一钱不值"，是"废物"等，常常会导致自责自罪、自卑自弃的心理及焦虑和抑郁情绪的产生。过分概括的另一个方面是对他人的不合理评价，即别人稍有差错就认为他很坏、一无是处等，这会导致一味地责备他人，以致产生敌对和愤怒等情绪。

3. 糟糕至极。 把一种事物的可能后果想象、推论到非常可怕、非常糟糕甚至是灾难的程度。比如，一次考试失败就认为自己的人生完了，一次失恋就认为自己再无幸福可言等。如果持有这种信念，那么当遇到问题时就容易陷入极度的负面情绪中不能自拔。

（三）情境中体现的不合理信念

1. 一定是上次顶撞了他一句，他对我有成见，故意不理我了，下一步可能就要故意找我的茬儿了。

反应：怒气冲冲，以致无法平静下来做自己该做的事情。

这是一种绝对化要求，要求每个人都应该公平地对待自己，即使自己曾经顶撞过领导，他也应该和自己打招呼。

2. 一定是我哪件事情没有做好，领导对我不满意了。

反应：担忧，不知道自己哪件事没做好，不知道接下来会发生什么事情，不知道自己会不会失业、会不会穷困潦倒。

这是一种糟糕至极的想法，因为一件事情开始往糟糕的方向漫无边际地联想。

3. 自己职位太低，领导根本不记得我，自己从小到大就是最不起眼的一个人。

反应：情绪低落，感慨自己怎么这么无能。
这是一种以偏概全的想法，因为一件事情否定自己整个人。

4. 强压着火，心里愤愤地想："这么多人逆行，凭什么只罚我？"

这是一种绝对化要求的想法，认为别人绝不能不公正地对待自己。其内心想法可能是："为什么只罚我一个人？这对我不公平，你们都应该公平地对待我！"

5. 这么多人只罚我一个，我就是这么倒霉，从小到大我从来就没有幸运过，我就是个不幸的人，这就是我的命。

这是一种以偏概全的想法，因为一件事情否定整个人生，认为自己就是一个不幸的人。

以上五种不合理信念可以帮助我们认识自己的情绪，当我们明白是自己对事情的解读出了问题时，就应站在对方的角度上来思考，别人是因为什么做了这些。真正沟通、理解之后，可能原来的不良情绪就都没有了。就像第二个情境中，因为交警的一句话，完全改变了自己的想法，不良情绪也一扫而光，内心充满温暖和感动。生活中，如果我们遇事能多从正面出发，比如，情境一，领导没有和自己打招呼，可能是因为领导匆忙间根本没有看到自己；再比如，情境二中，被交警处罚，应马上思考一下，带着孩子逆行确实不好，不仅不安全，还给孩子做了错误的示范，一定要注意，以后不能这样了。遇到问题时，这些正面、积极的想法，就不会让我们出现负面情绪，也就更不用控制或者压抑情绪了。

读到这里，一定有父母心里这样想：我们努力，我们学习，我们改变，可是其他人不改变，情况不还是这样吗？其实，只要我们坚持学习、成长、改变，我们的能量一定会影响我们身边的人，他们会受到我们的影响，也开始进入学习成长的行列里。这里给大家分享一段在世界上很著名的墓志铭："当我年轻的时候，我的想象力从没受到过限制，我梦想改变这个世界。当我成熟以后，我发现我不能改变这个世界，我将目光缩短了些，决定只改变我的国家。当我进入暮年后，我发现我不能改变我的国家，我的最后愿望仅仅是改变一下我的家庭。但是，这也不可能。当我

后记

躺在床上，行将就木时，我突然意识到：如果一开始我仅仅去改变我自己，然后作为一个榜样，我可能改变我的家庭；在家人的帮助和鼓励下，我可能为国家做一些事情。然后，谁知道呢？我甚至可能改变这个世界。"

正所谓天底下只有三件事：老天的事、自己的事、他人的事。老天的事不用我们管，他人的事我们管不了，我们能做的只有自己的事。所以，让我们一起努力，做更好的自己。

沈鸿丽
2020 年 10 月 22 日
于"品格教育"立项成功后有感